SAN ALFONSO MARÍA DE LIGORIO

VISITAS AL SANTÍSIMO SACRAMENTO

A María Santísima y a San José

Bonum

De Ligorio, Alfonso María, San
    Visitas al Santísimo Sacramento. - 5a ed. - Buenos Aires :
Bonum, 2012.
    160 p. ; 20x12 cm.

    1. Religión-Espiritualidad I. Título.

CDD 248

Primera edición: enero 2005
Quinta edición: marzo de 2012

Diseño de tapa: Panorama
Diagramación: Beton
Corrección: Ignacio Lo Russo

© Editorial Bonum, 2012.
Av. Corrientes 6687 (C1427BPE)
Buenos Aires - Argentina
Tel./Fax: (5411) 4554-1414
ventas@editorialbonum.com.ar
www.editorialbonum.com.ar

Impreso en Argentina
Es industria argentina

PRESENTACIÓN

La Eucaristía es el corazón de la Iglesia y, debe ser, el corazón de cada cristiano. San Alfonso María de Ligorio, Obispo de Santa Águeda de los Godos, Fundador de la Congregación de los Padres Redentoristas, Doctor de la Iglesia y Patrono de los confesores y moralistas tiene, como su distintivo personal, un amor muy grande a Jesucristo y lo demuestra, de manera especial, en *Práctica del amor a Jesucristo* que es uno de sus 111 libros que ha escrito buscando la santificación de todos los hijos de Dios. Hoy tienes en tus manos su libro más conocido: *Visitas al Santísimo Sacramento,* que ha tenido más de 2110 ediciones en muchos idiomas.

Tú mismo podrás comprobar al leer las páginas introductorias, escritas por el mismo Santo:

- «Al lector»
- «Dedicatoria»
- «Introducción»

cuánto cariño tiene San Alfonso a Jesús Sacramentado y cómo desea infundirlo en todos los corazones y, en concreto, en el tuyo.

Que goces acercándote diariamente a Jesús Sacramentado y que Él sea siempre tu mejor amigo.

José Ignacio Alemany Grau
Obispo Redentorista

AL LECTOR

Querido lector: Te suplico que no desprecies este pequeño libro que acabo de escribir con toda sencillez, pues he creído que de manera sencilla podré fomentar la piedad de toda clase de personas. Te ruego además que, así en mi vida como después de mi muerte, me encomiendes al Santísimo Sacramento cada vez que te sirvas de mi trabajo, para visitarle. Yo por mi parte prometo mis oraciones, particularmente en el Santo Sacrificio de la Misa, a cuantos me hicieren esta caridad.

Alfonso de Ligorio

DEDICATORIA

DEL SANTO AUTOR A LA SIEMPRE VIRGEN E INMACULADA MADRE DE DIOS, MARÍA

¡Oh mi Santísima Reina! Queriendo publicar este pobre libro mío, que trata del amor de tu Hijo, no supe a quién dedicarlo mejor que a ti, Madre mía querida, que eres entre todas las criaturas su primera y fina amante. Con el obsequio de este humilde trabajo, que te presento, y que compuse tan sólo con el fin de que las almas se enamorasen cada día más de Jesucristo, espero complacer a tu Corazón inmaculado, que tan ardientemente desea verlo amado de todos, como Él se merece. A ti, pues, valga lo que valga, lo dedico, y tú, Señora, recíbelo con amor y bendícelo, disponiendo no que me elogien y honren a mí, sino que quienes lo lean, correspondan con más generoso afecto al tierno y excesivo amor que nuestro Salvador dulcísimo nos quiso demostrar en su Pasión y en la institución del Santísimo Sacramento.

Entre tanto, Señora, pongo a tus pies mi libro y te pido que lo aceptes como cosa tuya a él y a mí mismo. Hace tiempo que he puesto en ti toda mi esperanza. Quiero y espero poder llamarme siempre, aunque no lo merezco, tu amante siervo.

Alfonso de Ligorio
de la Congregación del Santísimo Redentor

INTRODUCCIÓN

I

La santa fe enseña, y estamos obligados a creerlo, que en la Hostia consagrada, y bajo las especies de pan, está realmente Jesucristo. Pero al mismo tiempo importa mucho comprender que si vive Jesús en nuestros altares, en ellos está como en trono de amor y misericordia para comunicarnos sus gracias y descubrirnos el inmenso amor que nos tiene, permaneciendo escondido día y noche entre nosotros. Por eso, la Santa Madre Iglesia, según todos muy bien sabemos, al instituir la fiesta del Santísimo Sacramento, con octava solemne y con todo aquel religioso aparato de procesiones y exposiciones de su Divina Majestad, que en aquellos días hacemos, se propuso, como fin, el que los hombres, con sus acciones de gracias y afectos, reconociesen y honrasen aquella amorosa presencia y permanencia de Jesucristo en el Sacramento de nuestros altares. ¡Oh Dios mío!, y ¡cuántas injurias y desprecios ha tenido y tendrá que sufrir aún todos los días este Sacramento de parte de aquellos mismos hombres por cuyo amor se quedó en la tierra bajo las especies sacramentales! De esto se quejó Él mismo con su amante sierva, Santa Margarita Alacoque, como refiere el autor del libro de *La devoción al corazón de Jesús*. Un día que oraba ante el Santísimo Sacramento, Jesús le dejó ver su corazón sobre un trono de llamas, coronado de espinas, y como una cruz sobre él, y le dijo estas palabras:

"He aquí el corazón que tanto ha amado a los hombres; que nada dejó de hacer en su favor hasta agotarse e inmolarse por su amor. Sin embargo, como reconocimiento a tanto bien, yo sólo recibo en este Sacramento ingratitud, irreverencia, frialdad, sacrilegios y desprecios de la mayor parte de los hombres. Y lo que más me lastima es que vengan tales ofensas de corazones que me están consagrados."

Le pidió, en consecuencia, que el viernes primero, después de la octava del Corpus, se instituyera una fiesta particular para honrar a su adorable corazón, y en la cual las almas, sus amantes, por medio de sus obsequios y afectos, compensaran en alguna forma los muchos desprecios que recibía de los hombres; y le prometió abundantes gracias para cuantos le rindieran este culto y homenaje.

Así se entiende lo que el mismo Señor dijo por el Profeta: que hallaba sus delicias en estar con los hijos de los hombres, porque no logra separarse de su compañía, aunque se vea abandonado y despreciado por ellos. Y podemos, por esto, comprender lo mucho que complacen, al Corazón de Jesús, los que le visitan y hacen compañía en las iglesias en que está Sacramentado. A Santa María Magdalena de Pazzis le mandó Jesús que le visitara en el Sacramento treinta y tres veces al día, y aquella su amante esposa le obedeció fielmente; y como su Vida refiere, se acercaba al altar aun corporalmente lo más que podía.

¡Oh, dígannos las almas devotas que a menudo se entretienen con Jesús Sacramentado; dígannos las gracias, las luces, las llamas que del Sagrario reciben y el paraíso que hallan en la presencia de Dios hecho Sacramento! El gran siervo de Dios y célebre Misionero de Sicilia, el P. Luis Lanuza, siendo joven y seglar estaba tan enamorado de Jesucristo, que no hallaba medio de apartarse de sus pies; gozaba de tales delicias que habiendo recibido de su confesor precepto de obediencia de hacer sólo una hora de visita, al terminarla y tener que obedecer, se le veía al exterior la violencia grande que se hacía para dejar a Jesús; violencia muy parecida a la que sufre y manifiesta el niño pequeño cuando, en el momento en que más ávidamente toma el pecho, le arrancan del seno de su madre. Y añade el autor de su Vida que teniendo que retirarse, por fuerza, puesto de pie, volvía muchas veces a mirar al altar, y muchas veces repetía la genuflexión, sin acertar a despedirse del Señor, cuya presencia le era tan dulce y agradable. De la misma manera fue impuesta obediencia a San Luis Gonzaga de no detenerse mucho tiempo ante el Santísimo Sacramento, y como cada vez que pasaba ante Él se sentía movido a quedarse, por los dulces atractivos de su Señor, partía deprisa, diciendo con grande ternura de amor: apártate de mí, Señor, apártate de mí. Al pie del altar hallaba también San Francisco Javier el descanso de sus indecibles trabajos de Indias. En ayudar a las almas gastaba el día, y pasaba la noche en oración en presencia de

Jesús Sacramentado. Lo mismo hacía San Francisco de Regis, el cual, si alguna vez encontraba cerrada la iglesia, se consolaba arrodillándose en la puerta, sufriendo la lluvia y el frío; pero estaba contento porque, al menos desde lejos, hacía compañía a su Divino consolador. De San Francisco de Asís sabemos que apenas padecía algún trabajo, corría al Sagrario para contárselo a Jesús.

Pero fue particularmente tierna la devoción al Santísimo en el santo rey Wenceslao. Tan enamorado estaba de Jesús, en este Sacramento, que no se contentaba con recoger con sus reales manos el trigo y las uvas y hacer con ellas el vino y las hostias, que distribuía después para que sirvieran en el Sacrificio de la Misa; si no que iba más lejos en su amor, y durante las noches, aun en tiempo de invierno, visitaba la iglesia en que el Señor estaba reservado. A estas visitas iba su alma encendida en tales llamas de amor, que aun su cuerpo se calentaba, de manera que se derretía la nieve que tocaban sus pies. Refiere además la Historia que, sufriendo un gran frío el criado que le acompañaba, por tener que andar sobre la nieve, compadecido el santo rey, le aconsejó que fuese poniendo los pies en sus pisadas, con lo cual el criado no volvió a sentir frío.

En las *Visitas* leerás otros ejemplos del deseo afectuoso que todas las almas enamoradas de Dios han tenido siempre de permanecer en la presencia del Santísimo Sacramento. Y aun hallarás que todos los santos, sin excepción, fueron amantes de esta dulce devoción; y es porque en la tierra no es posible hallar alegría más pura, ni tesoro más rico que Jesús

Sacramentado. Además, está fuera de duda que entre todas las devociones, excepto la recepción de los Sacramentos, ésta de adorar a Jesús en la Santísima Eucaristía es la primera y la más agradable a Dios, y para nosotros la más ventajosa.

Por eso empieza también tú a vivir esta devoción; apártate de las conversaciones de los hombres y, a partir de hoy, ven todos los días a pasar algún tiempo, a lo menos media hora o un cuarto de hora, en presencia de Jesús Sacramentado. Gustarás y verás qué gran provecho sacas de esta devoción. Ten por seguro que el tiempo que gastes en presencia de este misterio divino será el tiempo que más ventajas te traerá en vida y más consuelo a la hora de la muerte y por toda la eternidad. Y ganarás tal vez más en un cuarto de hora de oración ante el Santísimo que en todos los otros ejercicios espirituales del día.

Verdad es que el Señor oye, en todo lugar, las oraciones de aquellos que recurren a Él, puesto que nos dijo: pide y recibirás; pero, en sentir del "Discípulo", Jesús en el Sacramento dispensa con particular abundancia sus favores a los que vienen a visitarlo.

Y el beato Enrique Susón, decía asimismo, que en el sagrario, más que en ninguna parte oye Jesús las oraciones de los fieles. Y verdaderamente, ¿dónde sino al pie del augusto Sacramento tomaron las almas santas las resoluciones más heroicas y más generosas? ¿Y quién sabe si tú también, un día, no tomarás delante de un Sagrario la resolución de darte a Dios enteramente? Yo, por mi parte, por reconocimiento a mi dulce Jesús Sacramentado, debo declarar en este libro que si me encuentro hoy fuera del mundo, en que por desgracia mía viví hasta los veintiséis años, lo debo a la devoción de visitar al Santísimo Sacramento, aunque la practicaba con mucha frialdad e imperfección.

¡Dichoso tú, si puedes más pronto que yo, separarte del siglo y entregarte enteramente a aquel Señor, que se entregó por nosotros! ¡Dichoso, vuelvo a repetir, y no sólo en la eternidad, sino también en esta vida! Créeme, todo lo de acá es vanidad. Banquetes, fiestas, espectáculos, amistades, paseos: tales son los bienes con que nos brinda el mundo, bienes todos llenos de hiel y sembrados de espinas. Cree al que de ellos hizo triste experiencia y ahora lo está deplorando, y ten por cierto que al alma que con un poco de recogimiento se pone en presencia del misterio de nuestros altares, le da Jesús en un instante más consuelos que el mundo con todas sus diversiones y entretenimiento.

¡Oh qué dulce delicia es estar al pie de un altar con fe y con un poco de tierna devoción, y hablar con familiaridad a Jesucristo, que expresamente mora allí para atender y escuchar al que le ruega!, ¡qué delicia pedirle perdón de los disgustos que le dimos, exponerle nuestras necesidades, como hace un amigo a otro amigo en quien tiene la más entera confianza; pedirle sus gracias, su amor, su cielo y, sobre todo – ¡oh ejercicio verdaderamente celestial! – hacer y repetir actos de amor a aquel divino Señor que sin cesar, sobre el altar, ruega al Padre por nosotros y por nosotros se abrasa en llamas de amor. Porque el amor es el que le hace llevadero el quedar oculto y desconocido y hasta despreciado de los ingratos en este Sacramento. Y no añadiré aquí más palabras, que por lo demás no hacen falta. *Gustate et videte:* pruébenlo, almas cristianas, y verán.

II

Por lo que mira a la visita de la Santísima Virgen, es célebre y comúnmente seguida por todos los teólogos aquella sentencia de San Bernardo, de que no dispensa Dios gracia alguna sino por manos de María. No quiere Dios —dice el Santo— que llegue a nosotros ninguna gracia sin pasar antes por las manos de María. Por eso testifica el P. Suárez que es hoy sentir de la Iglesia universal que la intercesión de María, no sólo es útil, sino necesaria para conseguir las gracias del cielo. Siente la santa Iglesia —dice— *que la intercesión de la Virgen es útil y necesaria.* Esto se fundamenta en aquellas palabras de la Santa Escritura que la misma Iglesia aplica a María, cuando la hace decir: *en mí está toda la esperanza de vida y de virtud: vengan pues todos a mí.* Es como si dijera: vengan a mí todos, pues en me funda la esperanza de todo su bien. Y concluye: bienaventurado el hombre que me escucha, y que vela continuamente a las puertas de mi casa y está de observación en los umbrales de ella. Feliz aquel que llama todos los días a mi puerta, solicitando mi poderosa intercesión, porque hallándome a mí, encontrará la vida y la eterna salud: el que me hallare, hallará la vida y alcanzará del Señor la salvación. Con razón, pues, quiere la santa Iglesia que llamemos a María nuestra común esperanza, saludándola con aquellas palabras: *Spes nostra, salve:* Dios te salve, esperanza nuestra.

San Bernardo, que llegaba a llamar a María toda la razón de su esperanza, escribió: busquemos la gracia, y busquémosla por medio de María; de otra manera —añade San Antonio— si pedimos gracias, y no por intercesión de la Virgen, intentamos volar, pero sin alas, y nada conseguimos.

Se lee en el libro del P. Auriema, titulado *Afectos recíprocos*, las gracias sin número que otorgó la Santísima Madre de Dios a cuantos han practicado la devoción de visitarla a menudo en sus iglesias e imágenes; las gracias que en tales visitas hizo al Beato Alberto, a Ruperto Abad, al P. Suárez, para quienes particularmente alcanzó aquel don de entendimiento que tan célebres les hizo después en la santa Iglesia.

Pensemos en las gracias que dispensó a San Juan Berchmans, de la Compañía de Jesús, que solía todos los días visitar a María en una de las capillas del Colegio Romano, diciendo que renunciaba a todo afecto del mundo, para no amar, después de Dios, sino a la Virgen. Al pie de su imagen escribió: no descansaré jamás hasta lograr un amor tiernísimo a mi Madre del cielo.

Recordemos también las gracias que hizo a San Bernardino de Siena que, joven aún, iba cada día a visitarla en una capilla próxima a la puerta de la ciudad, y decía que aquella Señora le había robado el corazón por lo cual la llamaba su enamorada, a la cual no podía menos que visitar muchas veces; y, finalmente, por medio de María, alcanzó la gracia de dejar el siglo y llegar a ser aquel Santo e ínclito Apóstol de Italia.

Procura, pues, también, amado lector, unir cada día a la visita del Santísimo la visita a la Santísima Virgen, ya sea en una iglesia, o al menos en tu casa ante alguna devota imagen. Y si con amor y confianza lo practicas, ten por cierto que recibirás gracias muy señaladas de esta Soberana agradecida que, según San Andrés Cretense, acostumbra hacer grandes dones a quien le ofrece el más pequeño homenaje. Suele dar grandes cosas por cosas bien pequeñas.

Comunión Espiritual

Como quiera que en cada una de las visitas siguientes se aconseja la Comunión espiritual, bueno será explicar qué cosa es y cuáles son sus ventajas.

Consiste la Comunión espiritual, según Santo Tomás, en un ardoroso deseo de recibir a Jesús Sacramentado, y en un afectuoso abrazo a Él, como si ya se le hubiese recibido.

Cuán gratas sean a Dios estas Comuniones espirituales, y cuántas las gracias que por ellas dispensa Dios, lo dio a conocer el Señor a su sierva Sor Paulina Maresca, fundadora del Monasterio de Santa Catalina de Siena, en Nápoles. Leemos en su Vida que le dejó ver dos vasos preciocísimos, uno de oro y el otro de plata, y le dijo que en el vaso de oro guardaba las Comuniones sacramentales, y en el de plata las espirituales. Y a la Beata Juana de la Cruz le dijo también que todas las veces que comulgaba espiritualmente recibía una gracia semejante a la que habría recibido comulgando de modo sacramental. Pero en este punto baste, sobre todo, saber que el santo Concilio de Trento alabó mucho la Comunión espiritual y aconsejó a los fieles que la practicaran.

De ahí que todas las almas piadosas tengan costumbre de practicar muchas veces este santo ejercicio. Doscientas veces al día la hacía la Beata Águeda de la Cruz. El P. Fabro, primer compañero de San Ignacio, solía decir que para hacer bien la Comunión sacramental ayudaba de un modo poderoso comulgar espiritualmente.

Al que desee, pues, adelantar en el camino del amor a Jesucristo, lo exhorto a hacer la Comunión espiritual, al menos una vez en cada visita al Santísimo Sacramento, y también en cada Misa que oiga; y aún sería mejor hacerla en estas ocasiones tres veces: al principio, al medio y al fin.

Es ésta una devoción mucho más ventajosa de lo que muchos imaginan, y al mismo tiempo es muy fácil. La ya mencionada Beata Juana de la Cruz decía que la Comunión espiritual es ejercicio que se puede practicar sin ser notado por nadie, sin necesidad de estar en ayunas, sin permiso de director y cuantas veces nos agrade hacerla.

Siempre que queramos, haciendo un acto de amor, todo está hecho.

Acto para la Comunión Espiritual

¡Oh Jesús mío!, creo que estás presente en el Santísimo Sacramento. Te amo sobre todas las cosas, y deseo recibirte en mi alma. Ya que ahora no puedo hacerlo sacramentalmente, ven al menos espiritualmente a mi corazón. Como si ya hubieses venido, te abrazo y me uno todo a Ti. No permitas, Señor, que vuelva jamás a abandonarte.

O más corto

Creo, Jesús mío, que estás presente en el Santísimo Sacramento; te amo y te deseo, Ven a mi corazón. Yo te abrazo, Señor, y tú no te partes de mí.

VISITAS AL SANTÍSIMO SACRAMENTO

Oración Señor mío Jesucristo

Señor mío Jesucristo, que por el amor que tienes a los hombres estás de noche y de día en este Sacramento, lleno de piedad y de amor, esperando, llamando y recibiendo a cuantos vienen a visitarte; yo creo que estás presente en el Santísimo Sacramento del altar, te adoro desde el abismo de mi nada, y te doy gracias por todas las mercedes que me has hecho, especialmente por haberme dado en este Sacramento tu cuerpo, sangre, alma y divinidad; por haberme dado como abogada a tu Santísima Madre, la Virgen María, y por haberme llamado a visitarte en este lugar santo. Adoro a tu amantísimo Corazón y deseo adorarle por tres fines: el primero, en agradecimiento de esta tan preciosa dádiva; el segundo, para desagraviarte de todas las injurias que has recibido de tus enemigos en este Sacramento, y el tercero, porque deseo en esta visita, adorarte en todos los lugares de la tierra, donde estás sacramentado con menos culto y más abandono.

Jesús mío, te amo con todo mi corazón; me pesa el haber tantas veces ofendido en lo pasado a tu infinita bondad. Propongo, ayudado de tu gracia, enmendarme en lo venidero. Y ahora, miserable como soy, me consagro todo a ti; te doy y entrego toda mi voluntad, mis afectos, mis deseos y todo cuanto me pertenece. De hoy en adelante haz, Señor, de mí y de mis cosas todo lo que te agrade. Lo que quiero y te pido es tu santo amor, la perfecta obediencia a tu santísima voluntad y la perseverancia final. Te encomiendo las almas del Purgatorio, especialmente las más devotas del Santísimo Sacramento y de María Santísima, y te ruego también por todos los pobres pecadores. En fin, amado Salvador mío, uno todos mis afectos y deseos con los de tu amorosísimo Corazón, y así unidos, los ofrezco a tu Eterno Padre y le pido, en tu nombre, que por tu amor los acepte y atienda benignamente. Amén.

Día Primero

Jesús, fuente de todos los bienes

He aquí la fuente de todo bien, Jesús en el Sacramento, el cual dice: si alguno tiene sed, venga a mí. ¡Oh! y qué raudales de gracias han sacado siempre los Santos de esta fuente del Santísimo Sacramento, donde dispensa Jesús todos los merecimientos de su Pasión, según de antemano lo había predicho el Profeta: *Sacarán agua con gozo de las fuentes del Salvador.*

La Condesa de Feria, aquella ilustre discípula del Beato Maestro Ávila que, habiéndose hecho religiosa de Santa Clara, fue llamada la esposa del Sacramento, por el mucho tiempo que pasaba en su presencia, preguntada una vez acerca de qué hacía durante las muchas horas que pasaba al pie de los altares, respondió: "Allí me estaría yo toda la eternidad. ¿Acaso no se encuentra allí la esencia de Dios que será por toda la eternidad el alimento de los bienaventurados? ¡Buen Dios! ¿Y preguntan qué se hace delante de Jesús Sacramentado? Mas yo digo: ¿Y qué bien se deja de hacer allí?".

Se ama, se alaba, se dan gracias y se piden mercedes. ¿Qué hace un pobre en presencia de un rico? ¿Qué el enfermo en presencia de un médico? ¿Qué un sediento cerca de una fuente cristalina? ¿Qué un hambriento frente a un espléndido banquete?

¡Oh Jesús mío amabilísimo, dulcísimo, amadísimo, vida, esperanza, tesoro y único amor del alma mía! ¡Oh y cuánto te ha costado permanecer con nosotros en este Sacramento! Fue preciso que murieras para poder quedar sacramentado en el altar; y después, ¡cuántas injurias has tenido que sufrir en el Sacramento para poder prestarnos auxilio con tu presencia! Pero todo lo venció tu amor y el deseo ardiente que tienes de ser nuestro amado.

Ven, pues, Señor; ven y entra dentro de mi corazón; cierra después la puerta para siempre, a fin de que jamás entre en él criatura alguna a tomar parte de aquel amor que a ti es debido, y que yo te quiero dar por entero. Tú solo, Redentor mío amabilísimo, reina en mí, y sólo tú poséeme enteramente; y si alguna vez no obedezco, como conviene, castígame con rigor, para que comprenda, en adelante, que debo complacerte como tú quieres. Haz que no desee ni busque yo otro gusto que darte gusto a ti, visitarte a menudo en el Sagrario, entretenerme contigo y recibirte en la santa Comunión. Busque el que quiera otros bienes; yo sólo amo y deseo el tesoro de tu amor. Sólo esto quiero pedir al pie de los altares. Haz que me olvide de mí para pensar únicamente en tu bondad. Serafines bienaventurados, no les envidio su gloria; pero sí les pido que me enseñen qué debo hacer para amar y agradar a mi Señor.

Jaculatoria: Jesús mío, Jesús mío, sólo quiero amarte y agradarte a ti.

Oración: Acto para la Comunión espiritual, pág. 23

Visita a María Santísima

Otra fuente, para nosotros preciosísima, es María, nuestra Madre, tan rica de bienes y gracias, que dice San Bernardo que no hay en el mundo un hombre que no participe de sus riquezas: De su plenitud participamos todos. Fue la Virgen Santísima llena y colmada de gracia por Dios, según la saludó el Ángel.

Dios te salve, ¡oh llena de gracia! Pero fue llena, no para ella sola, sino también para nosotros; porque, añade San Pedro Crisólogo, recibió aquel tesoro de gracia para hacer partícipes de él a todos sus devotos. Tan grande gracia recibió María, porque había de dar salud a todas las generaciones.

Jaculatoria: ¡Oh causa de nuestra alegría, ruega por nosotros!

ORACIÓN A MARÍA

(Que se debe rezar cada día al final de la Visita a la Santísima Virgen)

Inmaculada Virgen y Madre mía María Santísima: a ti, que eres la Madre de mi Señor, la Reina del mundo, la Abogada, la Esperanza y el Refugio de los pecadores, recurro en este día, yo, que soy el más miserable de todos. Te venero, ¡Oh gran Reina!, y te agradezco todas las gracias que hasta ahora me has hecho, especialmente la de haberme librado del infierno, que tantas veces he merecido. Te amo, Señora amabilísima, y por el amor que te tengo te prometo servirte siempre y hacer todo lo posible para que seas también amada de los demás. Yo te confío todas mis esperanzas y mi eterna salvación. ¡Oh Madre de misericordia, acéptame por tu siervo y acógeme bajo tu manto! Y ya que eres tan poderosa para con Dios, líbrame de todas las tentaciones o alcánzame fuerza para vencerlas hasta la muerte. Te pido el verdadero amor a Jesucristo. De ti espero la gracia de una buena muerte. ¡Oh Madre mía!, por el amor que tienes a Dios, te ruego que siempre me ayudes, pero mucho más en el último momento de mi vida; no me desampares mientras no me veas salvo en el cielo, bendiciéndote y cantando tus misericordias por toda la eternidad. Amén. Así lo espero, así sea.

VISITA AL PATRIARCA
SAN JOSÉ

¿Qué Ángel, o qué Santo – dice San Basilio – ha merecido ser llamado Padre del Hijo de Dios? Sólo San José tiene derecho a este título incomparable. A él podemos aplicar aquellas palabras de San Pablo: fue hecho tanto más excelente que los Ángeles cuanto heredó más excelente nombre que ellos.

¡Oh glorioso Patriarca! Yo venero en ti al elegido del Eterno Padre para compartir con Él la altísima e incomunicable autoridad de que goza sobre su unigénito Hijo. Lleno de respeto y amor ante tu alta grandeza, te consagro mi corazón. Después de Jesús y María, tu serás mi guía y protector; hazme sentir los efectos de tu gran poder cerca de Dios y de tu tierna caridad para conmigo, alcanzándome todas las gracias que necesito para conseguir la eterna salvación.

Jaculatoria: San José, padre adoptivo del Hijo de Dios, ruega por nosotros.

ORACIÓN A SAN JOSÉ

(Que se debe rezar todos los días al final de la Visita a San José)

Acuérdate, ¡Oh purísimo Esposo de la Santísima Virgen María, dulce protector mío, San José!, que jamás se ha oído decir que ninguno de los que han invocado tu protección y reclamado tu auxilio haya quedado sin consuelo. Con esta confianza vengo a tu presencia y me encomiendo con fervor a ti. No desprecies mi súplica, ¡oh padre adoptivo del Redentor!, antes bien, acógela benignamente. Así sea.

Día Segundo

Jesús, nuestro alimento y nuestro compañero

Oración: Señor mío Jesucristo, pág. 27

El devoto P. Nieremberg dice que por ser el pan alimento que, se consume comiéndolo y guardándolo se conserva, quiso Jesucristo quedarse en la tierra bajo las especies de pan, no solamente para ser consumido cuando se uniera al alma de sus amantes por medio de la santa Comunión, sino también para ser conservado en nuestros sagrarios y quedar realmente presente, recordándonos así el amor infinito que nos profesa.

Dice San Pablo hablando de Jesús: Se anonadó a Sí mismo tomando forma de siervo. ¿Y qué debemos decir nosotros al verle tomar las apariencias de pan? "No hay lengua – dice San Pedro de Alcántara – que sea capaz de explicar la grandeza del amor que tiene Jesús a cada una de las almas que está en gracia; y por esta razón, queriendo ese Esposo dulcísimo dejar esta vida, para que su ausencia no les fuera ocasión de olvidarse de Él, les dejó por memoria este Santísimo Sacramento, en el cual Él mismo se quedaba; sin querer que entre ellos mediara otra prenda, que conservara viva la memoria, sino Él mismo en persona".

¡Oh Jesús mío amantísimo!, puesto que permaneces encerrado en el Sagrario para escuchar las súplicas de los miserables que vienen a pedirte audiencia, atiende hoy la súplica que te hace el pecador más ingrato de todos los hombres.

Yo vengo arrepentido a tus pies, porque conocí el gran mal que hice al disgustarte, y te pido que me perdones las veces que te he ofendido.

¡Ah Dios mío!, y, ¡quién nunca te hubiera ofendido! Mas puesto que ya está hecho el mal ¿sabes lo que ahora deseo? Habiendo conocido tu amabilidad soberana, mi corazón se ha enamorado de ti, y siento en mí un deseo grandísimo de amarte y agradarte. Pero ¡ay!, sin tu gracia no lo puedo hacer. Muestra al Cielo, ¡oh Señor mío poderosísimo!, tu gran poder y bondad infinita, haciendo que yo, de esclavo rebelde que he sido tanto tiempo, me convierta en fidelísimo amante tuyo. Tú lo puedes hacer y lo quieres hacer; suple, pues, todo lo que me falta, para que llegue a amarte ardientemente, o al menos tanto cuanto te he ofendido.

Te amo, Jesús mío, te amo sobre todas las cosas, te amo más que a mi vida, mi Dios, mi amor y mi todo.

Jaculatoria: Dios mío y mi todo.

Oración: Acto para la Comunión espiritual, pág. 23

Visita a María Santísima

Lleguemos con confianza al trono de la gracia, a fin de alcanzar misericordia y hallar auxilio para ser socorridos oportunamente.

Dice San Antonio que este trono es María, por la cual dispensa Dios todas sus gracias. ¡Oh Reina mía amabilísima! Tú deseas ardientemente socorrer a los pecadores. Pues ves a tus pies a un gran pecador que acude a ti; préstame tu ayuda, y préstamela pronto.

Jaculatoria: Refugio único de los pecadores, ten piedad de mí.

Oración: A María, pág. 32

Visita al Patriarca San José

Cuando Dios elige a una persona para algún cargo, le da al mismo tiempo todas las gracias que necesita para desempeñarlo dignamente. Habiendo, pues, elegido Dios a San José para ser en la tierra padre nutricio del Verbo encarnado, debe tenerse por cierto que le dio todas aquellas dotes de sabiduría y santidad que a tan noble cargo correspondían.

¡Oh bienaventurado Patriarca! Tú, que ahora estás en el cielo, sentado sobre un altísimo trono, cerca de tu amado Jesús, ten compasión de nosotros, que vivimos en este valle de miserias, rodeados de tantos enemigos y siempre expuestos al peligro de perder la gracia de Dios.

Jaculatoria: Bienaventurado San José, asístenos en todas nuestras necesidades.

Oración: A San José, pág. 35

Día Tercero

Jesús halla sus delicias en estar con nosotros

Oración: Señor mío Jesucristo, pág. 27

Vean aquí a nuestro amantísimo Jesús que, no contento con haber muerto por nuestro amor, ha querido, aun después de su muerte, quedar con nosotros en el Santísimo Sacramento, declarando que entre los hombres halla Él todas sus delicias. ¡Oh hombres! – exclama Santa Teresa – ¿y cómo puedes ofender a un Dios que declara hallar sus delicias en estar con nosotros?, y nosotros, ¿no las hallaremos en estar con Jesús, nosotros especialmente, a quienes tocó el honor de habitar en su palacio?

¡Por muy honrados se tienen aquellos vasallos a los cuales da el rey habitación en su palacio! Pues éste es el palacio del Rey de la Gloria, ésta la casa en que habitamos con Jesús Sacramentado. Sepamos agradecérselo y aprovecharnos de su conversación y compañía.

¡Oh Dios mío y Señor mío! Aquí estoy delante de este altar, en el cual permaneces tú, noche y día por mi amor. Tú eres la fuente de todos los bienes, el médico de todos los males y el tesoro de todos los pobres. Mira hoy a tus pies al pecador más pobre y el más enfermo de todos, que te pide misericordia. Ten compasión de mí. No quiero, no, que mis miserias me desanimen, cuando en este Sacramento te veo a ti bajar del cielo a la tierra tan sólo para hacerme bien. Te alabo, Dios mío; te doy gracias y te amo, y si quieres que te pida una limosna, ésta es la que te pido; óyeme favorablemente: Señor, no quiero ofenderte más; quiero sí, que me des luz y gracia para amarte con todas mis fuerzas. Te amo, Dios mío, con toda mi alma; te amo con todos los afectos de mi corazón. Haz tú que lo diga de veras, y lo diga siempre en esta vida y por toda la eternidad. Virgen María, Santos mis abogados, Ángeles y Bienaventurados todos del paraíso, ayúdenme a amar a mi amadísimo Dios.

Jaculatoria: ¡Buen Pastor, pan divino de las almas! Ten piedad de nosotros. Apaciéntanos, defiéndenos y haznos gozar de los bienes celestiales en la tierra de los vivos.

Oración: Acto para la Comunión espiritual, pág. 23

Visita a María Santísima

Sus cadenas son lazos de salud. Dice el devoto Pelbarto que la devoción a María es cadena de predestinación; por lo cual debemos suplicar a esta Señora benignísima que siempre más y más nos estreche con cadenas de amor para poner toda nuestra confianza en su protección.

Jaculatoria: ¡Oh clementísima! ¡Oh piadosa! ¡Oh dulce Virgen María!

Oración: A María, pág. 32

VISITA AL PATRIARCA
SAN JOSÉ

Según San Juan Damasceno, el Señor dio a San José, para facilitarle su misión cerca de Jesús, las tres principales cualidades de un excelente padre, a saber: el amor, la vigilancia y la autoridad. Le dio la autoridad de padre, para que el Hijo de Dios le obedeciese en todas las cosas; la vigilancia de padre, a fin de que le asistiese y custodiase con todo cuidado tan precioso tesoro, y finalmente, le dio el afecto de un ternísimo padre, puesto que San José amó a Jesús no sólo con amor humano, como es el de los demás padres, sino también con amor sobrehumano, reconociendo a la vez en Jesús a su hijo adoptivo y a su Dios.

¡Oh santo Patriarca! Tú, que tanto deseas ver amado a Jesús, alcánzame un ardiente amor para con ese Redentor divino, y ya que no puedo amarle cuanto se merece, haz, a lo menos, que le ame con todas mis fuerzas.

Jaculatoria: San José, padre nutricio del Divino Pastor, ruega por nosotros.

Oración: A San José, pág. 35

Día Cuatro

Jesús, nuestro paraíso en la tierra

Oración: Señor mío Jesucristo, pág. 27

Es tan grande el contento que hallan los amigos del mundo en sus visitas y trato recíproco, que pierden días enteros conversando juntos. En estar con Jesús Sacramentado sólo siente fastidio el que no le ama. Los Santos, al contrario, han hallado el paraíso a los pies del Santísimo Sacramento.

Santa Teresa, apareciéndose, después de su muerte, a una de sus religiosas, le dijo:

"Los de acá del cielo y los de allá de la tierra hemos de ser unos en el amor y pureza; los de acá viendo la esencia divina, y los de allá, adorando al Santísimo Sacramento, con el cual deben hacer ustedes lo mismo que nosotros con la esencia divina; nosotros gozando, y ustedes padeciendo, que en esto nos diferenciamos. He aquí, pues, nuestro paraíso en la tierra: el Santísimo Sacramento."

¡Oh Cordero Inmaculado y sacrificado por nosotros en la Cruz! Acuérdate de que yo soy una de aquellas almas que redimiste con tantos dolores y con tu muerte, ya que tú te has dado y te das a mí todos los días, sacrificándote por mi amor en los altares, haz que yo te posea siempre y que no te pierda jamás, y haz también que yo sea todo tuyo. Yo me doy todo a ti para que hagas de mí lo que sea de tu agrado. Te doy mi voluntad; aprisiónala con los dulces lazos de tu amor, para que sea eternamente esclava de tu voluntad santísima; ya no quiero vivir para satisfacer mis deseos, sino para contentar a tu infinita bondad. Destruye en mí todo lo que te desagrade y concédeme la gracia de no tener otro pensamiento que el de complacerte ni otro deseo que lo que tú deseas.

Te amo, dulcísimo Jesús mío, porque deseas que te ame; te amo porque eres infinitamente digno de amor. Tengo pena de no amarte cuanto mereces, y quisiera morir por tu amor. Acepta, Señor, este mi deseo, y dame tu amor, Amén, así sea.

Jaculatoria: ¡Oh voluntad de mi Dios!, me consagro todo a ti.

Oración: Acto para la Comunión espiritual, pág. 23

Visita a María Santísima

Yo soy – dice María – la Madre del amor hermoso, es decir, del amor que hermosea las almas. Santa María Magdalena de Pazzis vio a María que iba repartiendo un licor dulcísimo, que no era otra cosa que el amor divino. Éste es un don que sólo se dispensa por medio de María; pidámoslo, pues, a María.

Jaculatoria: Madre mía, esperanza mía, hazme todo de Jesús.

Oración: A María, pág. 32

Visita al Patriarca
San José

El ejemplo de Jesucristo, que quiso en la tierra honrar a San José hasta el punto de sujetarse en todo a su autoridad, debería excitar en nosotros mucha devoción a este gran Santo, pues merece ser muy honrado de los hombres aquél a quien el Rey de reyes honró y enalteció tanto.

¡Oh afortunadísimo San José! ¡Qué gloria para ti ser tenido por Padre de Jesús! ¡Y qué felicidad para nosotros al reflexionar que eres también nuestro padre, pues somos hermanos de Jesús! Por este título tenemos derecho a la ternura de tu corazón, y aguardamos tu protección confiadamente, así en vida como en la hora de la muerte.

Jaculatoria: ¡Oh glorioso San José! Haz que recurramos siempre a ti como verdaderos hijos tuyos.

Oración: A San José, pág. 35

Día Quinto

Jesús, amador de los hombres

Oración: Señor mío Jesucristo, pág. 27

El pajarillo, dice David, halla habitación en los huecos de la pared, y la tórtola dentro de su nido; pero tú, ¡Oh Señor mío y Rey mío!, has puesto tu nido y tu habitación sobre la tierra en los Sagrarios de nuestros altares, para vivir entre nosotros y hacerte hallar por los que te aman.

Señor, es fuerza confesar que eres en demasía amante de los hombres y que no sabes ya qué más hacer para ser amado de ellos. Pues haz ahora, Jesús mío amabilísimo, que también nosotros nos enamoremos apasionadamente de ti; que no es razón amar con frialdad a un Dios que nos ama con tan ardoroso afecto. Atráenos con los dulces atractivos de tu amor y haznos conocer los infinitos títulos que puedes alegar para ser amado.

¡Oh Majestad infinita! ¡Oh Bondad infinita! Amas apasionadamente a los hombres; has hecho cuanto se puede hacer para ser amado de ellos, y con todo, ¡cuán pocos son los que te aman! Señor, yo no quiero ser, como fui en lo pasado, del número de esos in-gratos; estoy resuelto a amarte cuanto pueda y a no amar otra cosa sino a ti. Tú así lo mereces; Tú, con apremio, así me lo mandas, y yo quiero contentarte. Haz ¡Oh Dios del alma mía!, que logre contentarte plenamente. Te lo pido por los méritos de tu santísima Pasión, y por ellos espero conseguirlo. Los bienes de la tierra dáselos a quienes los desean; yo sólo deseo y busco el tesoro inestimable de tu amor. Te amo, ¡Oh Jesús mío! ¡Te amo, Bondad infinita! Tú eres toda mi riqueza, toda mi alegría, todo mi amor.

Jaculatoria: ¡Jesús mío!, te has dado todo a mí; yo me doy todo a ti.

Oración: Acto para la Comunión espiritual, pág. 23

VISITA A MARÍA SANTÍSIMA

¡Señora mía amantísima! San Bernardo te llama Robadora de corazones. Dice que andas robando corazones con tu belleza y bondad. Róbame, te lo ruego, el pobre corazón mío, y con él mi voluntad.

Yo te la doy toda entera; ofrécela a Dios unida con la tuya.

Jaculatoria: ¡Oh Madre amable!, ruega por mí.

Oración: A María, pág. 32

VISITA A SAN JOSÉ

Los hebreos quedaron pasmados cuando Josué mandó al sol que se detuviera, y el sol le obedeció. Mas ¿qué comparación puede caber entre Josué, que se ve obedecido por el sol, criatura inanimada, y José, que se ve obedecido por Jesucristo, que es el mismo Hijo de Dios?

¡Humildísimo San José! Tú, que viste al Dios de la majestad sometido a tus órdenes, ruega por mí a este Redentor divino. Dile que me perdone mis pecados; dile que me desprenda de las criaturas y de mí mismo; dile, en fin, que me encienda en su santo amor, y después disponga de mí como sea de su agrado.

Jaculatoria: Bienaventurado San José, ruega a Jesús por nosotros.

Oración: A San José, pág. 35

DÍA SEXTO

JESÚS ES NUESTRO TESORO

Oración: Señor mío Jesucristo, pág. 27

Dice Jesucristo que el afecto de cada uno está donde cree tener su tesoro. Por eso los Santos, que no estiman ni aman otro tesoro que a Jesucristo, tienen su corazón y todo su amor en el Santísimo Sacramento.

Amabilísimo Jesús mío Sacramentado, que por el amor que me tienes estás encerrado noche y día en este Sagrario; atrae, te lo ruego, mi corazón a ti de suerte que no piense sino en ti, ni ame, ni busque, ni espere otro bien fuera de ti. Hazlo por los méritos de tu Pasión, en cuyo nombre lo pido y espero.

¡Ah Salvador mío Sacramentado y amante divino de las almas! ¡Cuán amables son las delicadas invenciones de tu amor para lograr que las almas te amen! ¡Oh Verbo Eterno, hecho hombre por nuestro bien!: no te has contentado con morir por nosotros, sino que además nos has dado este Sacramento por compañía, por alimento y por prenda de la gloria. Tú apareciste entre nosotros, ya niño en un establo, ya pobre en un taller, ya como reo en una cruz, ya, en fin, como pan en la mesa del altar. Dime: ¿queda algo por inventar para hacerte amar por los hombres? ¡Oh amabilidad infinita!, y ¿cuándo comenzaré yo de veras a corresponder a tantas finezas de amor?

Señor, yo no quiero vivir sino para amarte a ti solo. ¿Y de qué me sirve la vida si no la empleo toda en amarte y complacerte a ti, Redentor mío amabilísimo, que has empleado tu vida entera en hacerme bien? ¿Y qué otra cosa tengo yo que amar sino a ti, que eres todo hermoso, todo afable, todo bondad, todo amor y digno de infinito amor? Viva mi alma sólo para amarte; derrítase de amor al solo recuerdo del amor tuyo, y al oír nombrar Pesebre, Cruz, Sacramento, enciéndase toda en deseos de hacer grandes cosas por ti, ¡oh Jesús mío, que tanto has hecho y sufrido por mí!

Jaculatoria: Haz, Señor, que yo haga alguna buena obra por ti antes de morir.

Oración: Acto para la Comunión espiritual, pág. 23

VISITA A MARÍA SANTÍSIMA

Me levanté como hermoso olivo en los campos. Yo soy, dice María, la hermosa oliva que produce siempre aceite de misericordia, y estoy en los campos de la Iglesia para que todos me vean y acudan a mí. Digámosle, pues, con San Agustín: acuérdate, ¡oh piadosísima María!, que jamás se oyó decir que haya sido de ti abandonado ninguno de cuantos se han acogido a tu protección. Nunca, pues, sucedió, ¡oh dulcísima Reina!, que alguien implorara tu socorro y fuera desatendido. Que no sea yo el primer desventurado que, recurriendo a ti, quede desamparado.

Jaculatoria: ¡Oh María!, alcánzame la gracia de recurrir siempre a ti.

Oración: A María, pág. 32

Visita al Patriarca San José

Jesús en Nazareth no daba un paso, ni comenzaba acción alguna, ni gustaba bocado, ni tomaba descanso, sino conformándose en todo a las órdenes de San José. Esto, puntualmente, reveló Dios mismo a Santa Brígida: "Mi hijo era de tal modo obediente, que cuando José le decía: «Haz esto o lo otro», al punto ponía manos a la obra."

¡Oh Santo Patriarca!, ya que de un Dios fuiste tan puntualmente servido, yo también quiero dedicarme a tu servicio. Recíbeme, te ruego, en el número de tus fieles servidores, y mándame lo que quieras, pues espero obedecerte en todo.

Jaculatoria: San José, siervo de la Sabiduría encarnada, haz que te sirvamos e invoquemos siempre.

Oración: A San José, pág. 35

Día Séptimo

Jesús, nuestro perpetuo compañero

Oración: Señor mío Jesucristo, pág. 27

Nuestro amorosísimo Pastor, Jesús, que llegó por nosotros, sus ovejas, hasta dar la vida, ni siquiera al morir quiso separarse de nosotros. "Mírenme aquí, ovejas mías, mírenme aquí siempre con ustedes. Por ustedes me quedé yo en la tierra en este Sacramento, y en él me hallarán siempre que quieran, para ayudarlos y consolarlos con mi presencia; no los dejaré hasta el fin del mundo mientras vivan sobre la tierra."

Quería el Esposo, dice San Pedro de Alcántara, dejar a su Esposa alguna compañía en esta tan larga separación, para que no quedase sola, y por eso instituyó este Sacramento, en el cual se quedó Él en persona, que era la mejor compañía que podía dejarle.

¡Oh finísimo Señor mío y Salvador mío amabilísimo! En este santo altar te visito en este instante; pero tú me devuelves la visita con amor infinitamente superior cuando vienes a mi alma en la santa Comunión. Entonces no sólo te presentas a mí, sino que te haces alimento mío, y te unes y te das todo entero a mí; de suerte que puedo, con toda verdad, exclamar: ahora, mi buen Jesús, eres todo mío.

Pues si tú, Señor, te das todo a mí, razón será que yo me dé todo a ti. Yo no soy sino un miserable gusa-nito de la tierra, y tú eres Dios altísimo de los cielos. ¡Oh Dios de amor! ¡Oh amor de mi alma! ¿Y cuándo será la hora en que me vea todo tuyo, no sólo en palabras, sino también en obras? Esto, Señor, tú lo puedes hacer; aumenta mi confianza por los méritos de tu Sangre preciosísima, para que obtenga así de tu bondad la gracia de ser, antes de mi muerte, todo tuyo y nada mío. Tú escuchas las oraciones de cuantos te invocan; escucha hoy la oración de un alma que quiere amarte con toda verdad. Yo deseo amarte con todas mis fuerzas y obedecerte en todo lo que te agrade, sin interés, sin consolación, sin premio. Quiero servirte sólo por amor, sólo por agradarte, sólo por complacer a tu corazón, tan apasionadamente enamorado del pobre corazón mío.

Que todo mi premio y recompensa sea amarte. ¡Oh Hijo amadísimo del Eterno Padre! Hazte dueño de mi libertad, de todas mis cosas, de mi persona toda y entrégate a mí. Yo te amo, yo te busco, por ti suspiro, sólo a ti quiero, te quiero, te quiero.

Jaculatoria: Jesús mío, haz que sea yo todo tuyo.

Oración: Acto para la Comunión espiritual, pág. 23

Visita a María Santísima

¡Señora mía amabilísima! Toda la Iglesia te llama y saluda esperanza nuestra.

Puesto que eres la esperanza de todos, sé también la esperanza mía. Razón de toda su esperanza te llamaba San Bernardo y decía: que espere en ti el que desespera. Del mismo modo quiero yo decir: ¡madre mía santísima!, tú salvas aun a los desesperados; en ti pongo, pues, toda mi esperanza.

Jaculatoria: ¡Oh María, Madre de Dios!, ruega a Jesús por mí.

Oración: A María, pág. 32

Visita al Patriarca
San José

Si bien San José no tuvo la formal autoridad de un verdadero padre sobre la humanidad sacrosanta de Jesucristo, la tuvo al menos, en algún modo, como legítimo esposo de María, Madre verdadera del Salvador.

El que tiene dominio sobre el árbol, lo tiene también sobre su fruto, y María, llegando a ser Madre de Dios, no dejó de ser esposa de José y de estarle sujeta; antes bien, quiso el Señor que la Virgen se desposase con el Santo Patriarca para que éste protegiese su honor y alimentase a su divino Hijo.

Yo venero en ti, ¡oh admirable San José!, la persona escogida por el Espíritu Santo, que quiso confiarte a su esposa Inmaculada, dándotela por compañera. ¡Oh castísimo esposo de María y padre adoptivo de Jesús!, recomienda a ambos eficazmente mi alma y alcánzame la gracia que más necesito.

Jaculatoria: San José, esposo virgen de la Virgen María, ruega a Jesús por mí.

Oración: A San José, pág. 35

Día Octavo

Jesús, suspirando para que nos unamos a Él

A toda alma que visita a Jesús en el Santísimo Sacramento dirige el Salvador las palabras que dice, en la Escritura, a la sagrada esposa: levántate, apresúrate, amiga mía, paloma mía, hermosa mía y ven. Alma que me visitas, levántate de tus miserias, que yo estoy aquí para enriquecerte con mis gracias: apresúrate, llégate cerca de mí, sin temer mi Majestad; precisamente para librarte de temores e inspirarte confianza se ha humillado en este Sacramento; amiga mía, ya no eres mi enemiga, sino mi amiga, porque me amas y yo te amo; hermosa mía, mi gracia te hermosea; ven, abrázate conmigo y pide cuanto quieras con la más grande confianza.

Decía Santa Teresa que este gran Rey de la Gloria se ha disfrazado bajo las apariencias de pan en el Sacramento, y con ellas ha encubierto su Majestad, para animarnos a llegar con más confianza a su corazón divino.

Acerquémonos, pues, a Jesús con gran confianza y afecto; unámonos a Él y pidámosle sus gracias. ¡Y cuál debe ser mi contento, o Verbo Eterno, hecho hombre y Sacramento por mi amor, al considerar que estoy delante de ti, que eres mi Dios, que eres Majestad infinita, bondad infinita, llena de afecto hacia mi pobre alma!

¡Almas que aman a Dios: en cualquier parte que estén, en el cielo o en la tierra, amen al Señor por mí! ¡Oh María, Madre mía!, ayúdame a amarle. Y tú, amadísimo Salvador mío, sé el objeto de todos mis amores; hazte dueño de toda mi voluntad y apodérate totalmente de mí. Yo te consagro mi entendimiento, para que siempre piense en tu bondad; te consagro mi cuerpo, para que me ayude a complacerte; te consagro mi alma, para que sea toda tuya.

Yo quisiera, amadísimo Jesús mío, que todos los hombres conocieran la ternura de aquel amor que les tienes, a fin de que todos vivieran sólo para honrarte y agradarte; como tú lo deseas y mereces. Por mi parte, al menos, quiero vivir siempre enamorado de tu infinita hermosura. De hoy en adelante quiero hacer cuanto pueda para darte gusto. Propongo además renunciar a todas aquellas cosas, sean las que fueren, que yo entienda que te desagradan, aunque me cueste toda clase de penas y aunque hubiera de perder todos los bienes del mundo, hasta la propia vida. Feliz de mí si perdiéndolo todo te ganara a ti, mi Dios, mi tesoro, mi amor y mi todo.

Jaculatoria: ¡Oh Jesús, amor mío!, apodérate de mí y poséeme eternamente.

Oración: Acto para la Comunión espiritual, pág. 23

Visita a María Santísima

Si alguno es inocente o sencillo, venga a mí. A todos los pobres que necesitan del amor de una madre, los convida la Virgen María a recurrir a ella, como a la Madre más amorosa de todas. Dice el devoto Padre Nieremberg que el amor de todas las madres, aunque se juntara en uno, es sombra, comparado con el amor que nos profesa María a cada uno de nosotros. Madre mía, Madre de mi alma, que me amas, y que, después de Dios no hay quien desee más mi eterna salvación: muéstrame que eres mi Madre.

Jaculatoria: Madre mía, haz que me acuerde siempre de ti.

Oración: A María, pág. 32

VISITA AL PATRIARCA
SAN JOSÉ

Santa Teresa decía: "No sé cómo se puede pensar en la Reina de los Ángeles, en tanto tiempo que pasó con el Niño Jesús, sin dar gracias a San José por lo bien que les ayudó".

Sí, porque el Santo Patriarca estuvo siempre al lado de María para asistirla y ayudarla, así en Nazaret como en otras partes.

¡Oh bienaventurado San José! Por aquel mutuo amor que, siempre reinó entre tu Santísima esposa María y tú, alcánzame la gracia de servirla fielmente, y de honrarla y amarla con todas mis fuerzas. Suple mi debilidad; ámala tú, bendícela y glorifícala por mí, a fin de que por tu medio se le rinda el culto que se merece y yo no puedo darlo dignamente.

Jaculatoria: San José, ayuda de la Virgen María, haz que la honre y venere siempre.

Oración: A San José, pág. 35

DÍA NOVENO

JESÚS DESEA COMUNICARNOS SUS GRACIAS

Oración: Señor mío Jesucristo, pág. 27

Vio San Juan, en el Apocalipsis, al Señor que tenía ceñido el pecho con una faja de oro. Así se nos presenta Jesús en el Sacramento del altar, con el pecho lleno de gracias, que ansía dispensarnos por su misericordia, y, cual hace una madre que, con el pecho lleno de leche, va en busca de su pequeñito para que le alivie de su peso, de la misma manera nos dice el Salvador: a mi pecho serán llevados.

El venerable P. Álvarez vio que Jesús estaba en el Sacramento con las manos llenas de gracias, buscando a quién repartirlas. Santa Catalina de Siena, cada vez que se acercaba a la Sagrada Mesa, lo hacía con aquella avidez y ansia amorosa con que toma el niño el pecho de su madre.

¡Oh amadísimo Unigénito del Eterno Padre! Reconozco que eres el objeto más digno de ser amado, y por eso deseo amarte cuanto mereces, o al menos cuanto puede un alma desear amarte. Yo bien sé que, ingrato y rebelde como fui a tu amor, no merezco ahora amarte, ni siquiera estar cerca de ti, como lo estoy en esta iglesia; pero comprendo que todavía buscas y quieres mi amor. Oigo que me dices: hijo mío, dame tu corazón. Amarás al Señor, tu Dios, con todo tu corazón. Para esto me has conservado la vida, y no me has arrojado al fuego del infierno, para que me determine, al fin, a amarte muy de veras.

Pues bien, Señor, puesto que deseas aún que te ame, aquí estoy, Dios mío; a ti me rindo y a ti me entrego. Te amo ¡oh Dios!, que eres todo bondad y todo amor. Te elijo por único Rey y Señor de mi pobre corazón. Tú lo quieres y yo te lo quiero dar; frío está y asqueroso es; pero si lo aceptas, tú lo cambiarás. Transfórmame, Señor mío, transfórmame; no quiero vivir, como en el pasado, tan ingrato y tan poco amante de tu bondad infinita, que tanto me ama, y que merece infinito amor. Haz que yo supla en adelante todo aquel amor que dejé de tenerte.

Jaculatoria: ¡Dios mío, Dios mío!, yo te quiero amar, yo te quiero amar, yo te quiero amar.

Oración: Acto para la Comunión espiritual, pág. 23

Visita a María Santísima

Toda semejante a Jesús, su Hijo, es su Santísima Madre, María, que siendo como es Madre de misericordia, goza cuando socorre y consuela a los miserables. Y es tan grande el deseo que esta Santa Madre tiene de hacer a todos mercedes que, según afirma Bernardino de Busto, más desea ella hacer beneficios y dispensar gracias de lo que deseamos nosotros recibirlas.

Jaculatoria: Esperanza nuestra, Dios te salve.

Oración: A María, pág. 32

VISITA AL PATRIARCA
SAN JOSÉ

"Toma al niño". Estas palabras del Ángel a San José parecen ser la aplicación de aquellas otras del Salmo: a tu cuidado se ha dejado el pobre. ¡Oh José! – dice Dios – yo he enviado a mi Hijo a la tierra y lo he enviado pobre y humilde, sin ningún esplendor aparente de riqueza y de nobleza. A tu cuidado he dejado el pobre; tú serás en la tierra su custodio y su padre en lugar mío. Cuídalo con esmero y se fiel conmigo.

¡Oh bienaventurado Patriarca!, por aquel sagrado depósito que te fue confiado, yo te suplico humildemente que me ayudes a conservar, en mi alma, el precioso tesoro de la gracia divina. Alcánzame también que prefiera los desprecios a todos los honores y la pobreza a toda riqueza terrena.

Jaculatoria: Glorioso San José, alcánzame de Jesús la perseverancia final.

Oración: A San José, pág. 35

Día Décimo

En Jesús están
todos los bienes

Oración: Señor mío Jesucristo, pág. 27

¡Oh insensatos mundanos! – dice San Agustín – desgraciados, ¿adónde van para satisfacer los deseos de su corazón? Vengan a Jesús, que sólo Él puede darles el contento que buscan.

Alma mía, no seas tú tan insensata; busca sólo a Dios; busca únicamente a aquel Bien en el cual están todos los bienes; y si lo quieres hallar pronto, mírale cerca de ti en el Santísimo Sacramento; dile con confianza lo que deseas y quieres, que precisamente se quiso quedar en el Sagrario con el fin de oírte y consolarte.

Dice Santa Teresa que no todos pueden hablar al rey; lo más que algunos consiguen es hablarle por medio de una tercera persona; mas para hablar contigo, ¡Oh Rey de la Gloria!, no son necesarias terceras personas, porque estás siempre dispuesto a dar a todos audiencia en el Sacramento de los altares. Todo el que te desea te halla siempre aquí y te habla familiarmente. Además, si algunos llegan a hablar a los reyes de la tierra, ¡cuánto les cuesta conseguirlo! Los reyes dan audiencia pocas veces al año; pero tú en este Sacramento nos recibes a todos noche y día y siempre que lo queramos.

¡Oh Sacramento de amor, que, ya sea dándote en la Santa Comunión, ya permaneciendo en el Sagrario, atraes a ti, con los suaves encantos de tu amor, a tantos corazones que, enamorados de tu dulzura y fuera de sí en vista de tanta bondad, arden felices en la llama de tu amor, sin olvidarte jamás! Atrae también a ti mi miserable corazón, que desea amarte y vivir esclavo de tu amor.

Por lo que a mí hace, yo pongo en manos de tu bondad, desde hoy y para siempre, todos mis intereses, todas mis esperanzas y todos mis afectos, mi alma, mi cuerpo y todo mi ser. Acéptame, Señor: te pido que dispongas de mí como te agrade. No quiero, amor mío, volver a quejarme de tus santas disposiciones, pues bien comprendo que, siendo todas ellas dictadas por tu amoroso corazón, no pueden menos que ser amorosas y para mi mayor bien. Me basta saber que tú las quieres para que yo también las quiera en el tiempo y en la eternidad. Haz en mí cuanto quieras; yo me conformo por entero con tu voluntad, que es toda santa, toda buena, toda hermosa, toda perfecta, toda amable. ¡Oh voluntad de mi Dios, cuán digna de amor me pareces! Quiero vivir siempre y morir estrechamente unido a ti. Tu gusto será mi gusto y tus deseos quiero que sean mis únicos deseos. ¡Dios mío, Dios mío, ayúdame! Haz que de hoy en adelante viva yo sólo para ti, sólo para querer lo que tú quieras, sólo para amar tu amable voluntad. Muera yo por tu amor, ya que tú has muerto por mí. Maldigo aquellos días en que hice mi propia voluntad con tanto disgusto tuyo. Te amo, ¡oh voluntad de mi Dios!, como amo a Dios, pues eres el mismo Dios. Te amo con todo mi corazón y a ti me entrego sin reserva.

Jaculatoria: ¡Oh voluntad de mi Dios! Tú eres mi único amor.

Oración: Acto para la Comunión espiritual, pág. 23

Visita a María Santísima

Dice la excelsa Reina: en mi mano están las riquezas, para enriquecer a los que me aman. Amemos, pues, a María si queremos ser ricos en gracias. Un devoto escritor la llama "Tesorera de las gracias". Feliz el que con amor y confianza acude a María.

Madre mía, esperanza mía, tú puedes hacerme santo; de ti espero esta gracia.

Jaculatoria: ¡Oh Madre amable, ruega por mí!

Oración: A María, pág. 32

VISITA AL PATRIARCA SAN JOSÉ

San José es llamado en el Evangelio varón justo, es decir, hombre perfecto y santo que posee todas las virtudes. José poseía, pues, una fe viva, una esperanza firme, una caridad ardiente, una humildad profundísima: en suma, todas las virtudes que constituyen un hombre perfecto y santo.

¡Oh glorioso San José, modelo perfectísimo de santidad! Alcánzame las virtudes que en tan alto grado poseíste tú. Obtenme, en particular, el espíritu de recogimiento, la fidelidad a la gracia, la unión con Dios, la humildad de corazón, la conformidad con la voluntad divina, y sobre todo un amor muy ardiente a Jesús y a María.

Jaculatoria: Amantísimo San José, sé mi guía en el camino de la perfección.

Oración: A San José, pág. 35

DÍA ONCE

JESÚS REGALA CON SUS DONES A LAS ALMAS QUE LO VISITAN

Oración: Señor mío Jesucristo, pág. 27

Procuremos no apartarnos – dice Santa Teresa – ni perder de vista a nuestro amantísimo Pastor, Jesús; porque las ovejas que se quedan cerca de su pastor siempre son más acariciadas y regaladas, y siempre reciben algún bocadillo de lo que el pastor come. Si el pastor se duerme, no por eso se retira la oveja, sino que permanece a su lado, hasta que despierta o le despierta ella misma con sus balidos y entonces recibe nuevas caricias y regalos. ¡Oh Redentor mío Sacramentado! Mírame aquí cerca de ti. Yo no quiero de tu bondad otro regalo que el fervor y la perseverancia en tu amor.

Yo te bendigo y doy gracias, ¡oh santa fe!, porque me enseñas y aseguras que en el divino Sacramento del altar, en aquel pan celestial, no hay pan, sino que allí está todo entero mi Salvador, Jesucristo, y que allí está por mi amor.

Señor mío y mi todo, yo creo que estás realmente presente en el Santísimo Sacramento; y aunque desconocido a los ojos de la carne, te reconozco con la luz de la santa fe en la Hostia consagrada como Monarca del cielo y de la tierra y Salvador del mundo.

¡Ah Jesús mío dulcísimo!, así como eres mi esperanza, mi salud, mi fortaleza y mi consuelo, así quiero también que seas todo mi amor y el único objeto de mis pensamientos, deseos y afectos. Me alegro más de la inmensa felicidad de que gozas y gozarás eternamente que de cualquier bien que yo pudiera jamás tener en el tiempo o en la eternidad.

Mi alegría más grande es ver que tú, Redentor mío amabilísimo, eres plenamente dichoso, y que tu felicidad es infinita. Reina, Señor, en toda el alma mía; yo te la doy entera y tú poséela para la eternidad. Mi voluntad, mis sentidos, mis potencias sean todas esclavas de tu amor, y sólo sirvan en el mundo para darte gusto y gloria.

Tal fue tu vida, ¡oh primera amante y Madre de mi Jesús, María Santísima! Ayúdame, Señora y obténme el poder vivir como viviste tú, siempre feliz, por ser toda de Dios.

Jaculatoria: ¡Jesús mío! Haz que sea yo todo tuyo, y tú seas todo mío.

Oración: Acto para la Comunión espiritual, pág. 23

VISITA A MARÍA SANTÍSIMA

Bienaventurado el hombre que vela continuamente a las puertas de mi casa. Bienaventurado aquel que, como los pobres a las puertas de los ricos, acude a las puertas de la misericordia de María para pedirle gracias. Y más bienaventurado aún el que procura imitar las virtudes que observa en María, en particular su pureza y su humildad.

Jaculatoria: Esperanza mía, socórreme.

Oración: A María, pág. 32

VISITA AL PATRIARCA
SAN JOSÉ

Dios constituyó a San José jefe de la Sagrada Familia de Nazareth, reducida en número pero grande por la altísima dignidad de las personas que la componían; a saber: la Madre de Dios y el Verbo de Dios, hecho hombre. En aquella casa, José manda y el divino Hijo obedece. Esta sujeción de Jesús, a la vez que nos revela su incomparable humildad, nos demuestra la gran dignidad de José, superior a la de todos los santos, excepción hecha de la divina Madre.

¡Oh afortunado Patriarca!, yo me felicito contigo por tu sublime dignidad. Has sido juzgado digno de mandar a Jesús y a María. Mándame también a mí como te plazca, que estoy dispuesto a obedecerte en todo prontamente, a fin de reinar después contigo en el cielo.

Jaculatoria: San José bendito, inflámame en el amor de Jesús.

Oración: A San José, pág. 35

DÍA DOCE

JESÚS EN LA EUCARISTÍA DEBE SER OBJETO DE NUESTRO AMOR

Oración: Señor mío Jesucristo, pág. 27

Quien ama a Jesús está con Jesús, y Jesús está con él. Lo dijo el mismo Salvador por boca de San Juan: cualquiera que me ama, observará mi doctrina, y mi Padre le amará, y vendremos a él y haremos morada en él.

San Felipe Neri, cuando comulgó por viático, al ver entrar en su aposento al Santísimo Sacramento, exclamó: "¡He aquí el amor mío, he aquí el amor mío!" Diga las mismas palabras cada uno de nosotros en presencia de Jesús Sacramentado: he aquí el amor mío; he aquí el objeto de todos mis amores por toda mi vida y por toda la eternidad.

¡Oh Señor mío y Dios mío! Ya que dijiste en el Santo Evangelio que cualquiera que te ame será amado por ti, y que vendrás a habitar en él, sin separarte jamás de él, yo te amo más que a todos los bienes, y pido que tú, por tu parte, me ames también a mí, pues mucho más estimo ser amado por ti que poseer los reinos del mundo. Ven, Señor, y establece tu habitación en la pobre casa de mi alma, de manera que nunca yo vuelva a echarte y despedirte. Tú nunca te separas de un alma si ella no te despide; y como en lo pasado te he despedido yo, puedo otra vez hacerlo en lo venidero. ¡Ah Dios mío, Dios mío! No permitas que suceda en el mundo esta otra maldad y horrenda ingratitud; que yo, favorecido por ti con tanta predilección, y después de haber sido enriquecido con tantas gracias, vuelva a echarte nuevamente de mi corazón. Pero ¡ay!, que esto puede suceder, y por eso, Señor mío, antes de que suceda, deseo mil veces la muerte, si es de tu agrado, a fin de que, muriendo unido a ti, viva unido contigo eternamente. Jesús mío, así lo espero. Yo te abrazo y te estrecho contra mi pobre corazón; haz que te ame siempre, y que siempre sea amado por ti. Sí, Redentor mío amabilísimo, yo siempre te amaré, y tú siempre me amarás, y confío en que siempre nos amaremos, ¡oh Dios del alma mía!, por toda la eternidad. Amén. Así sea.

Jaculatoria: Jesús mío, yo siempre quiero amarte y ser amado por ti.

Oración: Acto para la Comunión espiritual, pág. 23

Visita a María Santísima

Aquellos que se guían por mí no pecarán. El que se ocupa en obsequiarme, dice María, alcanzará la perseverancia. Los que me esclarecen obtendrán la vida eterna, y los que trabajan por darme a conocer y hacerme amar por los demás, serán predestinados.

Promete hablar, siempre que puedas, en público o en privado, de las glorias y devoción de María.

Jaculatoria: Permite que yo te alabe, ¡oh Virgen sagrada!

Oración: A María, pág. 32

VISITA AL PATRIARCA
SAN JOSÉ

San José fue aquel siervo fiel y prudente escogido por Dios para ser, no solamente el sostén de María y el nutricio de Jesús, sino también el cooperador del gran consejo. La salvación de los hombres, en efecto, y la redención del mundo, fueron la obra del gran consejo de la Santísima Trinidad y José fue destinado para cooperar en cierto modo con esta obra divina.

¡Oh bendito San José!, por la docilidad y obediencia que siempre tuviste en el cumplimiento de los sublimes ministerios que te confió la divina Providencia, te suplico humildemente que me hagas diligente y fiel en el cumplimiento de los deberes de mi estado, aunque sea duro lo que el Señor permita que yo pase.

Jaculatoria: San José, modelo de obediencia; haz que guardemos siempre los mandamientos de Dios.

Oración: A San José, pág. 35

Día Trece

Jesús, nuestro perpetuo huésped

Oración: Señor mío Jesucristo, pág. 27

Sobre este lugar estarán fijos mis ojos y mi corazón en todo tiempo.

Miren aquí la bellísima promesa que nos hace Jesús en el Santísimo Sacramento, en el cual se quedó con nosotros noche y día. ¡Oh Señor mío!, bastaba que te quedaras en este Sacramento durante el día, en que podías tener adoradores que vinieran a tu presencia y te hicieran compañía; pero ¿de qué te servía quedarte también toda la noche, cuando se cierran las iglesias, los hombres se retiran a sus casas y te dejan enteramente solo? Pero ya te entiendo, Señor; el amor te ha hecho prisionero nuestro; el amor apasionado que nos tienes te prendió de tal manera a la tierra que no consiente que te separes de nosotros ni de noche ni de día.

¡Ah Salvador mío amabilísimo! Esta sola fineza de tu amor debería obligar a todos los hombres a permanecer sin cesar en tu presencia ante el sagrado Tabernáculo, sin separarse de allí hasta ser echados a viva fuerza. Y aun así, al separarse de ti, deberían todos dejar al pie de los altares sus corazones y sus afectos, como lo merece un Dios humanado que se queda solo y cerrado en el Sagrario, hecho todo ojos para ver y proveer a nuestras necesidades, y todo corazón para amarnos con ternura, esperando con ansia que llegue el día siguiente para ser en él visitado por sus almas predilectas.

Sí, Jesús mío, yo quiero contentarte, yo te consagro toda mi voluntad y todos mis afectos. ¡Oh Majestad infinita de Dios! En este divino Sacramento te has querido quedar, no sólo para estar siempre como vecino nuestro, sino principalmente para comunicarte a tus almas amantes. Pero, Señor, ¿y quién se atreverá a llegarse a ti, y a alimentarse de tu carne? O, mejor dicho, ¿quién podrá alejarse de ti? Tú, Dios mío, precisamente te has ocultado bajo las especies de la Hostia consagrada para poder entrar dentro de nosotros y poseer nuestros corazones. Y por eso, ardes en deseos de que las almas te reciban en la santa Comunión, gozas en estar unido a ellas. Ven, pues, Jesús mío, ven; yo quiero recibirte dentro de mí, para que seas el Dios de mi corazón y de mi voluntad, Yo consagro a tu amor, redentor mío amabilísimo, todo lo que es mío, satisfacciones, placeres, voluntad propia; todo te lo doy.

¡Oh Amor! ¡Oh Dios de amor! ¡Reina, triunfa totalmente en mí; destruye y sacrifica todo lo que es mío y no tuyo! No permitas, amor mío que mi alma, llena de la majestad de Dios, después de haberte recibido en la santa Comunión, vuelva a apegarse a las criaturas. Te amo, Dios mío; te amo y siempre y a ti sólo quiero amar.

Jaculatoria: Atráeme a ti con los lazos de tu amor.
Oración: Acto para la Comunión espiritual, pág. 23

Visita a María Santísima

Nos exhorta San Bernardo diciendo: pidamos gracias y pidámoslas por medio de María. Ella es – dice San Pedro Damino – el tesoro de las divinas gracias, y puede, por lo tanto, enriquecernos. Por eso, ella misma nos exhorta y llama diciendo: el que sea pequeño y esté necesitado, venga a mí. ¡Señora amabilísima, Señora excelsísima, Señora piadosísima! mira a este pecador que a ti se encomienda y en ti sólo confía.

Jaculatoria: Bajo tu amparo nos acogemos, ¡oh Santa Madre de Dios!

Oración: A María, pág. 32

VISITA AL PATRIARCA
SAN JOSÉ

La gracia más preciosa que obtiene San José para sus devotos es un tierno amor al Verbo encarnado, nuestro amantísimo Salvador; y esta gracia se la obtiene por los méritos especiales de aquel amor ardentísimo que en la tierra tuvo siempre a Jesús.

¡Oh Santo Patriarca! Me felicito contigo por la felicidad que sentiste al llevar a Jesús en tus brazos, estrecharlo contra tu corazón y bañarlo con tus dulces lágrimas cuando te favorecía con sus divinas caricias. Por esta singular merced, te suplico humildemente me alcances la mayor de las gracias, es decir, un tierno y constante amor a Jesucristo.

Jaculatoria: Enciende en mi corazón, glorioso San José, la llama de la caridad.

Oración: A San José, pág. 35

Día Catorce

Jesús escucha benigno nuestras oraciones

Oración: Señor mío Jesucristo, pág. 27

¡Amabilísimo Jesús! Desde ese Sagrario, en que descansas, oigo que me dices: éste es para siempre el lugar de mi reposo; aquí habitaré, porque es la habitación que me escogí. Pues si tú escogiste entre nosotros tu habitación, queriéndote quedar en el Santísimo Sacramento de nuestros altares, y el amor que nos tienes hace que encuentres en ellos tu reposo, será motivo para que nuestros corazones habiten siempre contigo por amor y encuentren allí todas sus delicias y descanso.

¡Oh verdaderamente felices ustedes, almas amantes, que no hallan en el mundo mayor consuelo que permanecer cerca de su Jesús Sacramentado! Y ¡qué feliz sería también yo, ¡oh Señor mío!, si en adelante no encontrase mayor delicia que permanecer siempre en tu presencia, o al menos, siempre pensara en ti, que en el Santísimo Sacramento piensas siempre en mí y en mi bien!

¡Ah Dios mío, Dios mío! ¿Y por qué perdí tantos años en que no te amé? Años infelices, yo los maldigo, y te bendigo a ti, ¡oh paciencia infinita de mi Dios!, que tantos años me has sufrido, aunque he sido ingrato a tanto amor.

Y, sin embargo, a pesar de mi ingratitud, me has esperado. ¿Para qué, Dios mío, para qué? Para que, vencido un día por tu misericordia y tu amor, me entregara todo a ti. No quiero resistir más, Señor; no quiero ser más tiempo ingrato. Justo es que te consagre el tiempo, breve o largo, que me queda de vida, y espero de ti, Jesús mío, que me ayudes para ser todo tuyo. Si cuando huía de ti y despreciaba tu amor me has favorecido tanto, ¿cómo no esperar que me favorezcas ahora que te busco y sólo deseo amarte? Dame, pues, la gracia de amarte. ¡Oh Dios digno de infinito amor! Yo te amo con todo mi corazón, te amo más que a mi propia vida. Me arrepiento de haberte ofendido. ¡Oh bondad infinita! Perdóname mis pecados y, juntamente con el perdón, dame la gracia de amarte hasta la muerte, y luego por toda la eternidad. Haz que vea el mundo, ¡oh Dios omnipotente!, este prodigio de tu poder; que un alma tan ingrata como la mía se convierta en una de las almas más amantes tuyas. Hazlo por tus infinitos méritos. ¡Oh Jesús mío! Tú, que me inspiras el deseo, dame fuerzas para cumplirlo.

Jaculatoria: Gracias te doy, Jesús mío, por haberme esperado hasta ahora.

Oración: Acto para la Comunión espiritual, pág. 23

VISITA A MARÍA SANTÍSIMA

Hablando San Germán con María, le dice estas palabras: nadie se salva sino por ti A nadie se concede gracia alguna sino por ti. Luego si tú no me ayudas, Señora y esperanza mía, yo estoy seguramente perdido, y no llegaré a bendecirte en el paraíso. Pero oigo decir a todos los Santos que tú jamás abandonas al que acude a ti, y que sólo se pierde quien a ti no recurre. Yo, pues, miserable pecador, a ti recurro y en ti pongo todas mis esperanzas.

Jaculatoria: ¡Oh María! Tú eres mi único refugio y mi única esperanza.

Oración: A María, pág. 32

Visita al Patriarca San José

Cuando Jesús vivía en Nazareth, si un pecador hubiese deseado obtener del Señor el perdón de sus pecados, ¿hubiera podido hallar intercesor más poderoso que José para ser consolado?

¡Oh santo Patriarca! Tú, que llevaste una vida tan pura y tan llena de obras meritorias, y que deseas tan vivamente la salvación de las almas, ayúdame, te ruego, a alcanzar de la divina Bondad no sólo el perdón de mis pecados, sino también la gracia de no volver a ofender, ni siquiera ligeramente, a mi amado Señor.

Jaculatoria: Líbrame, San José, de todo pecado.

Oración: Acto para la Comunión espiritual, pág. 23

DÍA QUINCE

JESÚS FUEGO QUE INFLAMA NUESTROS CORAZONES

Decía el Venerable Padre Francisco Olimpio, teatino, que no hay cosa en la tierra que más vivamente encienda el fuego del divino amor en los corazones de los hombres que el Santísimo Sacramento del altar. El Señor se dejó ver por Santa Catalina de Siena como un inmenso horno de amor, del cual salían torrentes de llamas divinas que se esparcían por toda la tierra, y quedó atónita la Santa al considerar cómo podían vivir los hombres sin abrasarse de amor, en medio de tales incendios divinos.

¡Oh Jesús mío! Haz que yo arda en las llamas de tu amor; haz que no piense, ni suspire, ni desee, ni busque sino a ti. ¡Dichoso yo si ese fuego sagrado de tu amor se apoderase de mí totalmente y, a medida que fueran pasando mis años, fuera él consumiendo felizmente en mí todos los afectos terrenos!

¡Oh Verbo divino! ¡Oh Salvador mío muy amado! Sobre ese altar te veo sacrificado, aniquilado, destruido enteramente por mi amor. Muy justo será, pues, que, a la manera que tú te sacrificas, hecho víctima de amor por mí, yo también me consagre del todo a ti. Sí, Dios mío y soberano Señor mío, por ti sacrifico hoy toda mi alma, toda mi voluntad, toda mi vida, todo mi ser. Uno éste, mi pobre sacrificio, al sacrificio de infinito valor que en el ara de la cruz, ¡Oh eterno Padre!, te ofreció una vez Jesucristo, tu Hijo y mi Salvador y que ahora tantas veces te ofrece cada día en nuestros altares. Acéptalo por los méritos de Jesús, y dame gracia para renovarlo todos los días de mi vida y para que con mi sacrificio consiga la gloria eterna. Deseo la gracia, concedida a tantos mártires, de morir por tu amor; pero si no soy digno de tan grande gracia, haz al menos, Señor mío, que te sacrifique con plena voluntad mi propia vida, aceptando con resignación la muerte que te guste enviarme. Ésta es, Señor la gracia que yo quiero: quiero morir con voluntad de honrarte y darte gusto.

Desde este instante te consagro mi vida y te ofrezco mi muerte, cualquiera que sea y cuando a ti te plazca enviármela.

Jaculatoria: ¡Oh Jesús mío! Quiero morir sólo para agradarte.

Oración: Acto para la Comunión espiritual, pág. 23

VISITA A MARÍA SANTÍSIMA

¡Oh Señora mía dulcísima! Permite que yo también te llame con San Bernardo única razón de mi esperanza, y te diga con San Juan Damasceno que sólo en ti tengo puesta toda mi esperanza. Porque tú, Señora, me has de alcanzar el perdón de mis pecados, la perseverancia hasta la muerte y el verme libre de las llamas del Purgatorio. Cuantos se salvan obtienen, por tu medio, la salvación. Tú, pues, ¡Oh María!, me has de salvar. Se salvará el que tú quieras, dice San Buenaventura; quiere, pues, salvarme y seré salvado. Y puesto que salvas a todos los que te invocan, te invocaré diciendo:

Jaculatoria: ¡Oh salud de los que te invocan, sálvame!

Oración: A María, pág. 32

Visita al Patriarca
San José

Por la gracia del Señor, no hay al presente cristiano alguno que no sea devoto de San José; pero entre todos, ciertamente, reciben mayores gracias los que más a menudo y con mayor confianza acuden a él.

Amantísimo San José, yo te elijo, después de María, por mi principal abogado y protector, y te prometo, durante el resto de mi vida, honrarte a diario con algún obsequio especial. Defiéndeme con tu poderoso patrocinio, y haz que sea fiel en invocarte hasta la muerte.

Jaculatoria: Abogado nuestro, San José, socórrenos en todas nuestras necesidades.

Oración: A San José, pág. 35

Día Dieciséis

Jesús, médico de las almas

Oración: Señor mío Jesucristo, pág. 27

¡Oh si los hombres acudieran siempre al Santísimo Sacramento para buscar allí remedio a sus males!, ciertamente no serían tan miserables como son. Lloraba Jeremías y exclamaba: ¿por ventura no hay resina o bálsamo en Galaad?, ¿o no hay allí algún médico? Galaad, monte de Arabia, rico en ungüentos aromáticos, como dice Beda, es figura de Jesucristo, que tiene dispuestos en este Sacramento remedios para todos nuestros males.

¡Oh hijos de Adán! – parece decir el Redentor – ¿por qué se quejan de sus males, cuando tienen en este Sacramento el médico y el remedio de todos ellos? Vengan a mí todos... que yo los aliviaré. Te diré, pues, con las hermanas de Lázaro: aquel a quien amas está enfermo. Señor, yo soy ese pobrecito a quien amas: tengo mi alma toda llagada por los pecados que he cometido, y por eso vengo a ti, ¡Oh divino Médico mío!, para que me cures. Si tú quieres, puedes sanarme; sana, pues, mi alma que ha pecado contra ti.

¡Oh Jesús mío dulcísimo! Atráeme del todo a ti con los amabilísimos atractivos de tu amor. Prefiero y estimo más estar unido a ti, que ser dueño y rey de toda la tierra, y nada deseo en el mundo sino amarte. Poco tengo que darte; pero si poseyera todos los reinos de este mundo, quisiera sólo poseerlos para renunciar a ellos por tu amor. Renuncio, entre tanto, a todo lo que puedo: parientes, comodidades, gustos y hasta los consuelos espirituales. Te entrego mi libertad y mi voluntad, y te consagro todos mis afectos. Te amo, Bondad infinita; te amo más que a mí mismo, y espero amarte eternamente.

Jaculatoria: Jesús mío, a ti me entrego, recíbeme.

Oración: Acto para la Comunión espiritual, pág. 23

VISITA A MARÍA SANTÍSIMA

¡Señora mía!, dijiste a Santa Brígida: por más que haya pecado un hombre, si con verdadero arrepentimiento se vuelve a mí, me hallará siempre dispuesta a recibirlo y convertirlo; no atiendo al número de sus culpas, sino a la voluntad que trae; y no me desdeño por curar y sanar sus llagas, porque me llamo y soy en verdad Madre de misericordia. Sí, pues, puedes y quieres sanarme, a ti acudo, ¡Oh Médica celestial, sana las muchas llagas de que adolece la pobre alma mía! Con una palabra que digas a tu divino Hijo, yo quedaré curado.

Jaculatoria: ¡Oh María! Ten piedad de mí.

Oración: A María, pág. 32

Visita al Patriarca
San José

Dice Gersón que San José recibió de Dios, entre otros, tres privilegios especiales: el de ser santificado en el seno de su madre; el de haber sido en aquel momento confirmado en gracia, y finalmente, el de haber estado siempre libre de los privilegios de la concupiscencia. De este último privilegio suele San José, por los méritos de su pureza, hacer participantes a sus devotos, preservándolos de las tentaciones contra esta angelical virtud.

¡Oh santísimo esposo de la Reina de las vírgenes! Tú, que igualas a los ángeles en pureza, y a los serafines en amor, alcánzame una pureza de alma y cuerpo tan perfecta que me haga digno de ver a Dios. Alcánzame también una caridad tan ardiente que consuma en mí todos los afectos terrenos, de modo que ninguna criatura pueda, jamás, separarme del amor de Jesucristo.

Jaculatoria: San José, espejo de pureza, aparta de mí las tentaciones contra esa santa virtud.

Oración: A San José, pág. 35

Día Diecisiete

Jesús consolador de los hombres

En ninguna cosa hallan más gusto las almas amantes que en estar en compañía de las personas amadas. Pues, si amamos de veras a Jesucristo, permanezcamos en su presencia. Jesús en el Santísimo Sacramento nos ve y nos oye, y nosotros ¿no tendremos nada que decirle? Consolémonos con su compañía, gocémonos de su gloria, y del amor que tantas almas enamoradas tienen al Santísimo Sacramento. Deseemos que todos amen a Jesús Sacramentado y le consagren sus corazones, y nosotros, al menos, consagrémosle todos nuestros afectos, de manera que sea Jesús todo nuestro amor y todo nuestro deseo.

El Padre Sales se sentía lleno de consuelo con sólo hablar del Santísimo Sacramento. Nunca se cansaba de visitarlo, y si llamaban a la portería, si volvía a la celda, si andaba por la casa, procuraba siempre con tales ocasiones repetir las visitas a su amantísimo Señor, de suerte que pudieron notar que apenas pasaba hora del día sin visitarlo. Al fin mereció morir a manos de los herejes por defender la verdad de este Sacramento.

¡Oh si pudiera también yo tener la dicha de morir por tan hermosa causa, como es defender la verdad de este Sacramento, por el cual, oh amabilísimo Jesús, me has dado a conocer la ternura infinita del amor que me tienes! Señor, ya que obras tantos milagros en este Sacramento, haz hoy este otro milagro: atráeme todo a ti. Deseas que sea todo tuyo, y tú lo mereces de verdad; pues dame fuerza para que te ame con todos mis afectos. Los bienes del mundo dalos a quien te agrade; yo renuncio a todos, y sólo quiero y anhelo tu santo amor. Esto solamente pido y pediré siempre. Te amo, Jesús mío, haz que siempre te ame y nada ame fuera de ti.

Jaculatoria: ¡Oh Jesús mío! ¿Cuándo te amaré de veras?

Oración: Acto para la Comunión espiritual, pág. 23

VISITA A MARÍA SANTÍSIMA

Reina mía dulcísima, ¿cuánto me agrada aquel bellísimo nombre que te dan tus devotos cuando te llaman: ¡Madre amable! En verdad, Señora, que eres y es tal la belleza de tus virtudes, que llegó a enamorar al mismo Dios y Señor tuyo: "El Rey quedó prendado de tu belleza". Dice San Buenaventura que tan amable es tu nombre a los que te aman, que con sólo pronunciarlo u oírlo pronunciar sienten que se enciende y acrecienta su amor hacia ti. Muy justo será, pues, ¡oh Madre mía amabilísima!, que yo también te ame, verdaderamente lo que deseo sobre todas las cosas, ahora en la tierra, y más tarde en el cielo, es ser, después de Dios, el que más te ame. Si tal deseo es demasiado atrevido, atribúyase a tu amabilidad y al amor especialísimo que en tantas ocasiones me has demostrado. Que si fueras tú menos amable, menos desearía yo amarte. Acepta, entre tanto, ¡oh Señora mía!, este mi deseo, y como señal de que lo has aceptado, alcánzame de Dios el amor que te pido ya que le agrada a Dios mucho el amor que te tenemos.

Jaculatoria: Madre mía amabilísima, te amo con todo el corazón.

Oración: A María, pág. 32

VISITA AL PATRIARCA
SAN JOSÉ

Escribe Santa Teresa: es maravilloso conocer "las grandes mercedes que Dios me ha hecho por medio de San José, de los peligros de que me ha librado, así de alma como de cuerpo. Querría yo persuadir a todos para que fuesen devotos de este glorioso Santo, por la gran experiencia que tengo de los bienes que alcanza de Dios. No he conocido persona que de veras le sea devota y haga particulares servicios, que no la vea más aprovechada en la virtud. Sólo pido, por amor de Dios, que lo pruebe quien no me creyere".

¡Oh afortunado San José! Alcánzame la gracia de imitarte en la vida interior. Tú eres un excelente maestro en la ciencia de la oración; admíteme en el número de tus discípulos, e inspírame la sabiduría de los Santos, a fin de que aprenda a conversar con Dios en la tierra, y así me disponga a glorificarle eternamente contigo en el cielo.

Jaculatoria: San José, maestro de la vida interior, dame el espíritu de oración.

Oración: A San José, pág. 35

DÍA DIECIOCHO

JESÚS ESPERA DE NOSOTROS UNA VISITA DE AMOR

Oración: Señor mío Jesucristo, pág. 27

Aparecerá un día Jesús en el valle de Josafat, sentado sobre un trono de majestad; pero ahora, en el Santísimo Sacramento, está sentado como sobre un trono de amor. Si un rey, para demostrar lo mucho que ama a un pastorcito, fuera a habitar en la pobre aldea en que éste vive, ¡qué ingratitud sería la de este pastor si no fuera muchas veces a visitarle, sabiendo que el rey había fijado allí su residencia sólo por el deseo que tenía de verle y conversar frecuentemente con él!

¡Oh Jesús mío dulcísimo! Entiendo muy bien que sólo por mi amor has querido permanecer en el Sacramento del altar. Por eso, quisiera, si me fuese posible, quedarme día y noche en tu divina presencia. Porque si los Ángeles, ¡oh Señor mío!, no se apartan de ti Sacramentado, atónitos de admiración a vista del amor que me tienes, ¿no será razón que yo, viéndote por mí sobre ese altar, procure contentarte, permaneciendo, al menos en tu presencia para alabar el amor y la bondad que me manifiestas? Sí, Dios mío; en presencia de los Ángeles te cantaré himnos; te adoraré en tu santo templo y tributaré alabanzas a tu nombre por tu misericordia y verdad.

¡Oh Dios Sacramentado! ¡Oh pan de los Ángeles! ¡Oh sustento divino! Te amo; pero ni tú ni yo estamos contentos del amor de mi corazón. Te amo, sí, pero te amo muy poco. Haz tú, Señor mío, que conozca la belleza y la bondad inmensa que amo. Haz que mi corazón despida de sí todos los afectos terrenos y ceda todo el lugar a tu divino amor. Tú, Señor, para ganarte todo mi afecto y unirte a mí, bajas todos los días del cielo a nuestros altares, y por eso, es muy justo que yo no piense más que en amarte, adorarte y complacerte. Te amo con toda mi alma; te amo con todos los afectos de mi corazón. Si tú, Dios mío, quieres pagarme este mi amor, dame más amor, más llamas que enciendan siempre en mí más y más el deseo de amarte y darte gusto.

Jaculatoria: Jesús, amor mío, dame amor.

Oración: Acto para la Comunión espiritual, pág. 23

Visita a María Santísima

Así como aquellos enfermos a quienes por sus miserias todos abandonan, sólo hallan amparo en los hospitales públicos, de la misma manera los más perdidos pecadores, aunque todos los abandonen no son abandonados por la misericordia de María, que precisamente fue puesta en el mundo por Dios para ser asilo y hospital público de los pecadores. Así, en efecto, lo dice San Basilio: abrió Dios a los pecadores un hospital público; y San Efrén la llamaba receptáculo de los pecadores.

Por donde, ¡oh Señora y Reina mía!, si yo, pobre pecador, recurro a tu piedad, tú no puedes desampararme a causa de mis pecados. Antes, cuanto más miserable soy, más derecho tengo a ser protegido por ti, ya que Dios te creó para refugio de los más desgraciados.

Pues bien, ¡oh María!, yo a ti recurro; bajo tu manto me acojo. Eres refugio de pecadores; sé, pues, mi refugio y la esperanza de mi salvación. Que si tú me despides, ¿a quién recurriré?

Jaculatoria: María, refugio mío, sálvame.

Oración: A María, pág. 32

Visita al Patriarca San José

Si sólo la voz de María basta para santificar al Bautista y llenar del Espíritu Santo a Isabel, ¿a qué grado de santidad tan elevado no subiría la bellísima alma de José, conversando por espacio de tantos años con la Madre de Dios? Y si María es la dispensadora de todas las gracias que Dios concede a los hombres, ¿con cuánta profusión no habrá enriquecido a su castísimo Esposo?

Amado San José, tú que fuiste tan distinguido y privilegiado participando de las grandezas de María, y que mejor que nadie sabes cuánto merece ella ser servida, amada y honrada, ayúdame a conocer sus virtudes para imitarlas y sus esclarecidos privilegios para alabarla y honrarla con todas mis fuerzas.

Jaculatoria: Glorioso San José, aumenta en nosotros la devoción a María.

Oración: A San José, pág. 35

Día Diecinueve

Jesús, nuestro mejor amigo

Oración: Señor mío Jesucristo, pág. 27

Es cosa dulcísima hallarse en compañía de un amigo muy querido. ¿Y no nos será dulce a nosotros, en este valle de lágrimas estar en compañía del mejor amigo que tenemos, que puede hacernos todo bien, que nos ama de un modo apasionado y por eso quiso permanecer continuamente con nosotros? Pues mírenlo aquí en el Santísimo Sacramento, donde podemos a nuestro gusto hablar con Jesucristo, abrirle nuestro corazón, exponerle nuestras necesidades, pedirle sus gracias y, en suma, tratar con el Rey de los cielos con toda confianza y santa familiaridad.

Fue sobradamente dichoso José cuando Dios, según atestigua la Escritura, descendió con su gracia a su prisión para consolarlo. "Descendió con él a la cárcel, y no le desamparó en las prisiones". Pero incomparablemente más dichosos somos nosotros teniendo siempre en nuestra compañía, en esta tierra de miserias, a nuestro Dios hecho hombre, que con su presencia real nos asiste todos los días de nuestro destierro con afecto y compasión infinitos. ¡Qué consuelo es para un pobre encarcelado tener un amigo cariñoso que le haga compañía, lo consuele, le dé esperanzas, lo sostenga y haga todos los esfuerzos para librarle de su desgracia! Pues he aquí a nuestro buen amigo Jesucristo, que en este Sacramento nos anima diciendo: con ustedes estaré todos los días. Mírenme aquí, todo para ustedes; bajé expresamente del cielo a esta prisión para consolarlos, ayudarlos y libertarlos. Recíbanme con amor; entreténganse siempre conmigo, únanse a mí, que no sentirán entonces sus miserias, y vendrán conmigo después a mi reino, donde los haré plenamente dichosos.

¡Oh Dios! ¡Oh Amor incomprensible! Puesto que te dignas usar con nosotros de tanta bondad que por estar cerca de nosotros bajas del cielo a nuestros altares, prometo visitarte con frecuencia y gozar, cuanto me sea posible, de tu presencia dulcísima, que hace bienaventurados a los Santos en la Gloria. ¡Oh! ¡Y si pudiera yo estar continuamente delante de ti, para adorarte y hacer sin cesar actos de amor! Despierta y excita, Señor, mi alma cuando, ya por la tibieza o por los negocios del mundo, me olvide de visitarte. Enciende en mí un muy ardiente deseo de estar siempre a tus pies en este Sacramento. ¡Oh amabilísimo Jesús! ¡Quién te hubiera amado siempre y procurado complacerte! Me consuelo porque aún me queda tiempo para hacerlo, no solamente en la otra vida, sino también en la presente. Así lo quiero hacer; te quiero amar de veras, mi sumo bien, mi amor, mi tesoro y todas mis cosas.

Quiero amarte con todas mis fuerzas.

Jaculatoria: Dios mío, ayúdame a amarte.

Oración: Acto para la Comunión espiritual, pág. 23

VISITA A MARÍA SANTÍSIMA

Dice el devoto Bernardino de Busto: nunca desesperes, ¡oh pobre pecador!, antes con entera confianza acude a María, porque la encontrarás siempre llena de ternura y generosidad. No desconfíes, pecador, cualquiera que seas, sino recurre a esta dulcísima Señora, con la seguridad de ser socorrido por ella; la hallarás con las manos llenas de misericordia y de gracias y has de saber, añade, que más desea la piadosísima Reina hacerte bien a ti, que tú deseas recibirlo. Doy siempre gracias a Dios, ¡oh Señora mía!, porque hizo que te conociera. Pobre de mí si no te hubiera conocido o me olvidare de ti, porque peligraría mi eterna salvación.

Pero yo, Madre mía, te conozco, te bendigo, te amo y me confío enteramente a ti, y en tus manos pongo mi alma.

Jaculatoria: ¡Oh María! Bienaventurado el que te conoce y en ti confía.

Oración: A María, pág. 32

Visita al Patriarca San José

Así se expresa San Bernardo, hablando del gran poder de San José en dispensar gracias a sus devotos: "A algunos Santos se les permite socorrer sólo en ciertos casos; pero San José puede socorrer en cualquier necesidad a todos los que recurren devotamente a él". Y Santa Teresa confirma lo mismo, diciendo: "A otros Santos parece que les dio el Señor gracia para socorrer en una necesidad; sobre este glorioso Santo tengo experiencia de que socorre en todas".

¡Oh glorioso abogado! Ya que tú alcanzas de Jesús todo lo que quieres, alcánzame, te ruego, la gracia de la oración, pero gracia abundante que me haga orar bien y con continuidad.

Jaculatoria: San José, tesorero del cielo, socorre siempre a tus devotos.

Oración: A San José, pág. 35

Día Veinte

Jesús en el Sacramento, fuente de salud

Oración: Señor mío Jesucristo, pág. 27

En aquel día – dice Zacarías – habrá una fuente abierta para la casa de David y para los habitantes de Jerusalén, a fin de que pueda lavar sus manchas el pecador. Jesús está en el Santísimo Sacramento, en esa fuente vaticinada por el Profeta, y que estando abierta a todos, podemos, siempre que queramos, lavar en ella nuestras almas de las manchas que contraemos cada día. Cuando uno cae en algún defecto, ¿qué mejor remedio que recurrir al instante al Santísimo Sacramento?

¡Oh Jesús mío! Así propongo hacerlo siempre, porque conozco además que las aguas de esta fuente no sólo me lavan, sino que me dan también luz y fuerza para no pecar, para sufrir con alegría todas las adversidades y a la vez me inflaman en deseos de amarte. Yo sé que por eso esperas que yo te visite, y pagas con tantas gracias las visitas de las almas que te aman. ¡Oh Jesús mío!, lávame de todas las culpas que he cometido hoy, yo me arrepiento de ellas por lo mucho que te disgustaron; dame fuerzas para no volver a caer, infundiendo en mi alma un deseo muy ardiente de amarte.

¡Oh quién pudiera quedarse siempre cerca de ti, como lo hacía aquella fiel sierva tuya María Díaz, que vivió en tiempo de Santa Teresa y alcanzó del Obispo de Ávila licencia para habitar en la tribuna de una iglesia, donde casi de continuo velaba en presencia del Santísimo Sacramento, a quien ella llamaba su vecino, y no se apartaba de allí sino para ir a confesarse y comulgar! El venerable fray Francisco del Niño Jesús, carmelita descalzo, cada vez que pasaba delante de una iglesia donde estaba reservado el Santísimo, no podía dejar de entrar a visitarlo diciendo que no es conveniente que un amigo pase delante de la casa de su amigo sin entrar, al menos, para saludarle y decirle una palabra. Pero él no se contentaba con una palabra, sino que se quedaba cuanto podía en presencia de su Señor amadísimo.

¡Oh único e infinito Bien mío! Comprendo que instituiste este Sacramento y te quedaste en nuestros altares con el fin de que yo te ame, y por esta misma razón me has dado un corazón capaz de amarte mucho. Y, sin embargo, ¿por qué yo, ingrato, no te amo?, o, ¿por qué te amo tan poco? No; no es justo que sea tibiamente amada una bondad tan amable como la tuya. El amor que me has manifestado merecía de mi parte un amor muy distinto. Tú eres un Dios infinito, y yo, un miserable gusanito de la tierra; haría muy poco por ti aunque muriera y me sacrificara por ti, que has muerto por mí, y cada día por mi amor te sacrificas en el altar. Mereces ser amado sobre todas las cosas, y sobre todas ellas te quiero amar. Ayúdame, Jesús mío, para que de veras te ame y cumpla así lo que a ti tanto te agrada y tan ardientemente pides de mí.

Jaculatoria: Mi amado para mí y yo para Él.

Oración: Acto para la Comunión espiritual, pág. 23

Visita a María Santísima

Reina mía dulcísima, piadosísima y amabilísima, ¡qué grande esperanza me da San Bernardo cuando recurro a ti! Porque dice que tú no examinas los méritos de los que acuden a tu piedad, sino que te ofreces espontáneamente a ayudar a cuantos te invocan. De manera que si yo te invoco, tú me acoges bondadosa. Oye, pues, el ruego que te dirijo: yo, Señora, soy un pobre pecador que tiene merecidos mil infiernos. Quiero cambiar de vida, quiero amar a mi Dios, a quien tanto he ofendido, y, pobre cual soy, me entrego a ti como esclavo. Salva, pues, al que ya es tuyo y nada suyo. Señora, ¿me has oído? Confío en que me habrás escuchado y atendido.

Jaculatoria: Tuyo soy, ¡oh María!, sálvame.

Oración: A María, pág. 32

VISITA AL PATRIARCA
SAN JOSÉ

San Lucas dice que María dio a luz a su Hijo y lo recostó en un pesebre. Considera aquí la pena de San José cuando se vio, con María, rechazado en Belén y obligado a retirarse a un establo, en el que nació el Verbo encarnado. ¿Cuál no sería su dolor cuando veía a su santa Esposa, próxima al parto, temblar de frío en aquella gruta húmeda y abierta a todos los vientos?

¡Oh Santo Patriarca! Por la aflicción que sentiste viendo al recién nacido Niño tan pobre y sin abrigo, oyéndole llorar a causa del frío que sentía, te ruego que me alcances un verdadero dolor de mis pecados, que fueron la causa de las lágrimas y los padecimientos de Jesús.

Jaculatoria: Compasivo San José, obténme de Jesús el perdón de todas mis culpas.

Oración: A San José, pág. 35

Día Veintiuno

Jesús, imán de los corazones

Oración: Señor mío Jesucristo, pág. 27

En donde quiera que esté el cuerpo, allí volarán las águilas. Los Santos entienden generalmente por este cuerpo de que habla el Evangelio, el Cuerpo de Jesucristo, y por águilas las almas desprendidas que, a manera de águilas, se levantan sobre las cosas de la tierra y vuelan a lo alto del cielo; por el cual suspiran con todas las ansias de sus deseos y afectos, y en el cual ponen su feliz y eterna morada. Estas almas generosas, mientras viven en la tierra, hallan su paraíso donde reside Jesucristo Sacramentado, y parece que jamás pueden saciarse de permanecer en su divina presencia.

Porque si las águilas – dice San Jerónimo – cuando de lejos perciben el olor de la presa parten veloces para encontrarla, ¡cuánto más nosotros deberemos correr y aun volar a Jesús en el Santísimo Sacramento, como al manjar más regalado de nuestras almas! Los Santos, en este valle de lágrimas, corrieron siempre, como ciervos sedientos, a esta fuente del paraíso.

El Padre Baltazar Álvarez, en cualquiera ocupación en que se hallase, volvía muchas veces los ojos hacia el lugar en que sabía que estaba el Santísimo

Sacramento; lo visitaba muy a menudo, y a veces pasaba en estas visitas noches enteras, y lloraba al ver los palacios de los grandes de esta tierra llenos siempre de gente, que corteja a un hombre mortal, por esperar de él un mísero bien, mientras están desiertas las iglesias, donde habita el Soberano Príncipe y Señor del mundo, que por nosotros quiso quedarse en el sagrario, en ese trono de amor, rico de bienes inmensos y eternos. Y decía que era muy grande la dicha de los religiosos, porque en sus propias casas, de noche y de día, y siempre que lo desean, pueden visitar a este divino Señor en el Santísimo Sacramento, cosa que no pueden hacer los seglares.

¡Oh Jesús mío amantísimo! Ya que, a pesar de mi bajeza e ingratitud, te dignas con bondad infinita a llamarme y convidarme a que me acerque a ti en este Sacramento, no quiero desanimarme por mis miserias. A ti vengo y a ti me acerco; cámbiame enteramente, desterrando de mí todo amor que a ti no se dirija, todo deseo que no te agrade, todo pensamiento que no se encamine a ti; Jesús mío, amor mío, tesoro mío, a ti sólo quiero contentar, a ti sólo quiero complacer. Y puesto que tú sólo mereces todo mi amor, sólo quiero amarte a ti con todo mi corazón. Despréndeme, ¡oh Señor mío!, de todas las cosas creadas, y úneme a ti con lazos tan estrechos que no pueda ya separarme de ti, ni en esta ni en la otra vida.

Jaculatoria: ¡Oh Jesús mío dulcísimo! No permitas que jamás me separe de ti.

Oración: Acto para la Comunión espiritual, pág. 23

VISITA A MARÍA SANTÍSIMA

Dionisio el Cartujo llama a la Virgen Santísima "Abogada" de todos los pecadores que recurren a ella. Así, pues, ¡oh excelsa Madre de Dios!, ya que es oficio tuyo defender las causas de los reos más criminales que a ti se encomiendan, mírame hoy a tus pies, pobre pecador que a ti recurro y te digo con Santo Tomás de Villanueva: ea, pues, Abogada nuestra, cumple tu oficio; defiende mi causa. Es verdad que he ofendido muchas veces a Dios, a pesar de tantos beneficios y gracias que he recibido de Él. Pero el mal ya está hecho, y tú me puedes salvar. Basta que digas al Señor que tú me defiendes, para que quede yo perdonado y sea salvo.

Jaculatoria: María Santísima, tú me has de salvar con tu intercesión.

Oración: A María, pág. 32

VISITA AL PATRIARCA
SAN JOSÉ

Informado Herodes por los Santos Magos de que había nacido el Rey de los judíos, dispuso aquel bárbaro príncipe que fuesen degollados todos los niños de Belén y sus contornos. Dios, sin embargo, queriendo por entonces librar a su Hijo de la muerte, mandó a un Ángel para avisar a José que tomase al niño y a su Madre y huyesen a Egipto. Y José así lo hizo.

Santo protector mío, por tu pronta y continua obediencia a la voluntad de Dios, alcánzame de tu Jesús la gracia de obedecer puntualmente los preceptos divinos, y que en el viaje que está haciendo mi alma a la eternidad no pierda jamás la compañía de Jesús y María hasta el último suspiro.

Jaculatoria: San José bendito, guíame siempre por la senda cielo.

Oración: A San José, pág. 35

Día Veintidós

El alma que busca a Jesús, lo halla siempre en la Eucaristía

Oración: Señor mío Jesucristo, pág. 27

Andaba la Esposa de los Sagrados Cantares buscando a su Amado, y como no lo encontraba, preguntaba solícita: ¿Por ventura han visto al Amado de mi alma? No vivía entonces Jesús en la tierra; pero al presente, si lo busca un alma amante, lo encuentra siempre en el Santísimo Sacramento.

El Beato Padre Maestro Ávila acostumbraba a decir que, entre todos los santuarios, no podía encontrar ninguno, ni desear más amable, que una iglesia donde estuviera el Santísimo Sacramento.

¡Oh amor infinito de mi Dios, digno de amor infinito! ¿Cómo pudiste, Jesús mío, llegar a abatirte tanto que, por morar con nosotros y unirte a nuestros corazones, te humillaste hasta ocultarte bajo las especies de pan? ¡Oh Verbo encarnado! Extremado fuiste en humillarte porque extremado fuiste en el amar. ¿Y cómo podré yo no amarte con todas mis fuerzas, después de conocer lo que has hecho por cautivar mi amor? Te amo, Señor mío, con toda mi alma, y por eso prefiero y antepongo tu gusto a todos los intereses y satisfacciones mías. Mi gusto desde hoy será darte gusto a ti, mi Dios, mi amor y mi todo. Enciende en mi pecho un deseo muy ardiente de permanecer continuamente en tu presencia, ante el Santísimo Sacramento, de recibirte muchas veces y de hacerte compañía. Sería yo un ingrato si no aceptara una invitación tan dulce y tan amable. ¡Ah Señor mío! Destruye en mí todo afecto a las cosas creadas, puesto que sólo tú, Creador mío, quieres ser el objeto de todos mis suspiros y de todos mis amores. Te amo, Bondad amabilísima de mi Dios. No pido nada que no seas tú mismo. No busco mi contento: quiero y me basta el contento tuyo. Acepta, ¡oh buen Jesús!, este deseo de un pobre pecador que sólo ansía amarte. Ayúdame con tu gracia y haz que yo, mísero esclavo del infierno, llegue a ser feliz esclavo de tu amor.

Jaculatoria: Te amo, Soberano bien mío, sobre todas las cosas.

Oración: Acto para la Comunión espiritual, pág. 23

VISITA A MARÍA SANTÍSIMA

Dulcísima Señora y Madre mía, yo soy un miserable rebelde que hizo traición a tu divino Hijo; pero arrepentido de corazón, me acojo a tu piedad, para que me des perdón. No me digas que no puedes, porque San Bernardo te llama la dispensadora del perdón. A ti, además, te toca prestar socorro al que se encuentra en peligro. Por eso San Efrén te llamó sostén de los que peligran. Y bien, Señora mía, ¿quién está en mayor peligro que yo? Perdí a mi Dios; y por consiguiente, he sido condenado al infierno; ignoro si Dios me ha perdonado mis pecados. Además puedo de nuevo volver a perderlo. Pero tú puedes obtenerme todas las gracias, y de ti espero todo bien: el perdón, la perseverancia, el cielo. Espero ser del número de aquellos que en la gloria celestial ensalcen más tus misericordias, ¡oh María!, salvándome por tu intercesión.

Jaculatoria: Cantaré eternamente tus misericordias, ¡oh María!, eternamente las cantaré. Amén, amén, así sea, así sea.

Oración: A María, pág. 32

VISITA AL PATRIARCA SAN JOSÉ

Considera cuál sería el amor y la ternura de San José al mirar con sus propios ojos al Hijo de Dios hecho Niño, oyendo al mismo tiempo a los Ángeles que cantaban alrededor de su Señor recién nacido, y viendo aquella gruta llena de luz celestial. De rodillas y llorando de alegría adoraría a su Señor y a su Dios, que quería ser llamado y tenido como Hijo suyo en la tierra.

Afortunado Patriarca, por aquel consuelo que experimentaste al ver por vez primera a Jesús Niño, tan bello y tan gracioso, y por aquel amor que se encendió en tu corazón a la vista de un Dios tan amante y tan amable, te ruego me alcances la gracia de que yo también lo ame con vivo amor en esta tierra, para ir después un día a gozar de Él en el paraíso.

Jaculatoria: San José, concédeme un gran amor a Jesús Niño.

Oración: A San José, pág. 35

Día Veintitrés

Jesús, Rey del cielo, vecino nuestro

Oración: Señor mío Jesucristo, pág. 27

Muchos cristianos padecen fatigas y se exponen a grandes peligros por visitar los lugares de la Tierra Santa, donde nuestro amantísimo Salvador nació, padeció y murió. Nosotros no tenemos necesidad de hacer tan largo viaje, ni enfrentar tantos peligros, porque cerca de nosotros, en nuestras iglesias, a pocos pasos de nuestras casas, está y reside el mismo Señor y Salvador. Y si los peregrinos, como dice San Paulino, tienen por felicísima suerte traer de aquellos santos lugares un poco de polvo del pesebre en que nació el Salvador, o del sepulcro en que fue sepultado, ¡con qué ardoroso afecto no deberemos visitar al Santísimo Sacramento, en que está el mismo Jesús en persona, cuando para ello no es menester sufrir fatigas ni correr peligro alguno!

Una persona religiosa, a quien Dios había dado grande amor al Santísimo Sacramento, escribía en una carta suya, entre otros, estos sentimientos: "He conocido que todo mi bien me viene del Santísimo Sacramento, y por eso me he dado y consagrado enteramente a Jesús Sacramentado. Veo una innumerable multitud de gracias que no se dan a los hombres, porque no las buscan en este Sacramento, y por otro lado veo el muy ardiente deseo que tiene el Señor de dispensar en este Sacramento estas sus divinas gracias".

"¡Oh santo Misterio! ¡Oh sagrada Hostia! ¿Y qué cosa hay en el mundo, fuera de esta Hostia consagrada, en que Dios manifieste más su poder? Porque en ella se cifra cuanto Dios hizo en favor nuestro. No envidiemos a los Santos de la Gloria, porque en medio de nosotros tenemos al mismo Señor, descubriéndonos más prodigios de su amor."

"Procuren que todos aquellos a quienes hablan se consagren por entero al Santísimo Sacramento. Hablo así porque este Sacramento me saca fuera de mí, y no puedo menos que hablar del Santísimo Sacramento, que tanto merece ser amado. Ya no sé qué más hacer por Jesús Sacramentado". Así termina la carta.

¡Oh Serafines!, ustedes, que dulcemente arden en llamas de amor en torno al que es Señor suyo y mío, y que, sin embargo, no por su amor, sino por amor mío, quiso quedarse en este Sacramento, dejen que arda yo también en sus ardores para que juntamente nos abrasemos en este divino fuego. ¡Oh Jesús mío! Dame a conocer la grandeza del amor que tienes a los hombres, a fin de que, en vista de tanto amor, siempre se aumente en mí más y más el deseo de amarte y agradarte. Te amo, Señor mío amabilísimo, y quiero amarte por el solo fin de complacerte.

Jaculatoria: ¡Oh Jesús mío! Creo en ti, espero en ti, te amo y me entrego a ti.

Oración: Acto para la Comunión espiritual, pág. 23

Visita a María Santísima

¡Amabilísima Virgen! San Buenaventura te llama Madre de los huérfanos, y San Efrén, Asilo de huérfanos. ¡Ay Señora!, estos huérfanos desamparados no son otros que los pobres pecadores que han perdido a Dios, su Padre. Por eso recurro a ti, Virgen Santísima; perdí a mi Padre, es verdad, mas tú eres mi Madre, y tienes que hacer que vuelva a encontrarlo. En esta gran desgracia te llamo en mi socorro. Ampárame y socórreme ¿Quedaré desconsolado? No, me responde por ti Inocencio III: todo el que la invocó fue por ella socorrido. ¿Y quién le rogó jamás que no fuera por ella oído y ayudado? ¿Quién jamás se perdió después de recurrir a ella? Sólo se pierde quien a María no se encomienda. Luego, ¡oh Reina mía!, si tú quieres que sea salvo, haz que siempre te invoque y siempre confíe en ti.

Jaculatoria: Madre mía Santísima, dame gran confianza en ti.

Oración: A María, pág. 32

Visita al Patriarca
San José

El Señor ha prometido recompensar a quien en su nombre dé al pobre un vaso de agua. Cuán grande, pues, no habrá sido la recompensa de San José, ya que él puede decir a Jesús: "Yo no sólo te proporcioné, con el sudor de mi frente, el alimento que te sustentó y los vestidos que te cubrieron y la casa que te albergó, sino que también te salvé la vida, librándote con tanta solicitud de las manos de Herodes".

¡Oh Santo Patriarca!, por las fatigas y penas que sobrellevaste por amor de Jesús, te suplico muestres conmigo cuán grande es tu poder delante de Dios y cuán grande el amor que tienes a los hombres. Alcánzame una sincera conversión y todas las gracias que necesito para conformarme enteramente con los designios de la adorable Providencia y para conseguir la Gloria eterna.

Jaculatoria: ¡Oh San José!, haz que cumpla siempre la voluntad de Dios.

Oración: A San José, pág. 35

Día Veinticuatro

Jesús, velando su Majestad, nos descubre su caridad

Oración: Señor mío Jesucristo, pág. 27

Verdaderamente eres tú un Dios escondido. En ninguna otra obra del divino amor se verifican tanto estas palabras, como en el adorable misterio del Santísimo Sacramento, en el cual nuestro Dios está enteramente oculto e invisible.

Al tomar el Verbo Eterno carne mortal escondió su Divinidad, y apareció como hombre en este mundo, mas después, al quedarse en medio de nosotros en este Sacramento, llegó hasta a ocultar su humanidad y, como dice San Bernardo, sólo guarda la apariencia de pan, para demostrarnos la ternura infinita de su amor.

A la vista de este exceso de amor hacia los hombres, ¡oh amantísimo Redentor mío!, yo salgo fuera de mí y no sé qué decir. Tú, Señor mío, en este Sacramento, llegas, por amor, hasta a ocultar tu majestad y humillar inmensamente tu gloria y destruir y anonadar tu vida divina, y mientras permaneces en nuestros altares, se diría que no tienes otro ejercicio que amar a los hombres y descubrirles ese amor que les profesas. Pero ellos, ¡oh Hijo excelso de Dios!, ¿cómo corresponden a tanto amor?

¡Oh Jesús mío! ¡Oh amante (permíteme que lo diga) demasiado apasionado por los hombres, pues te veo anteponer su bien a tu propio honor! Di, Señor, ¿no sabías a cuántos desprecios te había de exponer este designio de tu Corazón amorosísimo? Yo veo, y mucho antes que yo lo viste tú, que la mayor parte de los hombres no te adora, ni quiere reconocerte por lo que eres en este Santísimo Sacramento. Sé también que no pocas veces esos mismos hombres llegaron hasta hollar con los pies las hostias consagradas y arrojarlas en tierra, al agua o al fuego. Y veo además a la mayor parte de aquellos que en ti, Dios mío, creen que, en lugar de reparar tantos ultrajes con sus obsequios y homenajes, o vienen a las iglesias a ofenderte más con sus irreverencias, o te dejan abandonado en los altares, faltos algunas veces, de lámparas o de los necesarios ornamentos.

¡Ah!, ¡yo quisiera, dulcísimo Salvador mío, lavar con mis lágrimas, y aun con mi sangre, aquellos infelices lugares donde fue, en este Sacramento, tan ultrajado tu amor y tu Corazón amantísimo! Pero si no se me concede esta gracia, deseo al menos, y así lo propongo, visitarte muchas veces, para adorarte, como hoy te adoro, en reparación de los desprecios que de los hombres recibes en este adorabilísimo Misterio. Acepta hoy, ¡oh Eterno Padre!, en reparación de las injurias hechas a tu Hijo Sacramentado, el honor que te tributo yo, el más pobre y miserable de los hombres.

Acéptalo en unión de aquel honor infinito que te dio Jesús un día desde lo alto de la Cruz, y ahora todos los días te da en el Santísimo Sacramento del altar.

¡Oh Jesús mío Sacramentado, ojalá pudiera hacer yo que se enamoraran todos los hombres del Santísimo Sacramento!

Jaculatoria: Amabilísimo Jesús, hazte conocer y hazte amar.

Oración: Acto para la Comunión espiritual, pág. 23

Visita a María Santísima

Señora mía poderosísima, cuando me asalta el temor de si me tengo que salvar, ¡cuánta confianza siento al recurrir a ti y al pensar que tú, Madre mía, eres por un lado tan rica de gracias, que San Juan Damasceno te llama Mar de las gracias; San Buenaventura, Fuente en la cual se congregaron todas las gracias; San Efrén, Manantial de la gracia y de toda consolación; y San Bernardo, la Plenitud de todo bien!, y de otro lado, Señora, considero que eres tan inclinada a hacer bien, que te crees ofendida, según dice el mismo San Buenaventura, por aquellos que no te piden gracias: contra ti, Señora, pecan los que no se encomiendan a ti de corazón.

¡Oh ríquisima!, ¡oh sapientísima!, ¡oh clementísima Reina! Estoy bien persuadido de que tú, mejor que yo, conoces las necesidades de mi alma, y que me amas más de lo que yo me amo a mí mismo. ¿Sabes, pues, la gracia que hoy quiero pedirte? Obténme aquella gracia que tú sabes que es más provechosa para mi alma. Pide esa gracia para mí al Señor y quedaré contento.

Jaculatoria: ¡Oh María, María!, salva mi alma.

Oración: A María, pág. 32

VISITA AL PATRIARCA
SAN JOSÉ

Considera cuál debió de ser la pena de San José en la huida a Egipto, viendo cuánto sufría su santa Esposa, no acostumbrada a tales caminos, con aquel amable Niño que llevaban, en sus brazos alternativamente; fugitivos y temerosos de encontrar, a cada paso, a los soldados de Herodes. Y todo esto en lo más crudo del invierno.

¡Oh Padre nutricio de Jesús! Por los padecimientos que sufriste en el viaje a Egipto, alcánzame fuerzas para sobrellevar, con perfecta paciencia y resignación, todas las adversidades e infortunios que me sobrevengan en este valle de lágrimas.

Jaculatoria: San José, dame paciencia en todas las adversidades.

Oración: A San José, pág. 35

Día Venticinco

Jesús, siempre obediente al sacerdote en la Eucaristía

Oración: Señor mío Jesucristo, pág. 27

San Pablo alaba la obediencia de Jesucristo, diciendo que obedeció a su Eterno Padre hasta la muerte. Mas en este Sacramento su obediencia fue más lejos, porque en él, no contento con sujetarse al Eterno Padre, obedece también al hombre, y no sólo hasta la muerte, sino por todo el tiempo que el mundo ha de durar. Siendo Rey de la Gloria, desciende de su trono altísimo por obediencia al hombre, y después, sobre los altares, parece que mora de continuo para someterse a la voluntad de los hombres sin resistencia alguna. Allí está sin moverse por sí mismo; permite que le pongan donde quieran, o expuesto en la custodia o encerrado en el Sagrario; deja que lo lleven por donde les parece, por las calles o a las casas; consiente, en fin, que le den a quien lo quiera recibir en la Santa Comunión, sea justo o pecador. Mientras vivió en el mundo, dice San Lucas, obedeció a María Santísima y al Patriarca San José; pero en este Sacramento obedece, sin resistencia, a tantas criaturas cuantos son los sacerdotes que hay en toda la tierra.

¡Oh Corazón amantísimo de mi Jesús, del cual salieron todos los Sacramentos, y principalmente este Sacramento de amor!, permite que te diga hoy una palabra. Yo quisiera glorificarte y honrarte tanto cuanto tú glorificas a tu Eterno Padre en este Sacramento. Sé que ahí, en el altar, me estás amando con aquel mismo amor que me tuviste, cuando por mí sacrificaste tu vida divina en la Cruz, en medio de tantas amarguras.

Ilumina, ¡oh Corazón divino!, a los que no te conocen para que te conozcan. Liberta de las penas del Purgatorio, por tus méritos a aquellas almas afligidas que son ya tus eternas esposas, o al menos alivia sus males. Yo te adoro, te doy las gracias y te amo con todas las almas que actualmente te están amando en la tierra y en el cielo.

¡Oh Corazón purísimo!, purifica mi corazón de todo afecto desordenado a las criaturas y llénalo de tu santo amor. ¡Oh Corazón dulcísimo!, posee todo mi corazón, de manera que de hoy en adelante sea todo tuyo y pueda siempre decir con San Pablo: ¿quién me separará de la caridad de Jesucristo? ¡Oh Corazón santísimo!, imprime en mi corazón aquellas tus amargas fatigas que por espacio de tantos años soportaste en la tierra por mí con tanto amor, a fin de que, en vista de ellas, anhele de hoy en adelante, o al menos sufra por tu amor con paciencia, todas las penas de esta vida. Corazón humildísimo de Jesús, haz que yo participe de tu humildad. Corazón mansísimo, comunícame tu dulzura. Quita de mi corazón todo lo que te desagrada; conviértelo todo a ti para que no quiera ni desee sino lo que tú quieres. En una palabra, haz que yo viva sólo para obedecerte, sólo para amarte, sólo para agradarte. Conozco mucho lo que te debo, y que me tienes sumamente obligado. Aunque yo me sacrifique y deshaga todo por ti, será siempre poco comparado con lo que tú has hecho por mí.

Jaculatoria: ¡Oh Corazón de Jesús! Tú eres el único dueño de mi corazón.

Oración: Acto para la Comunión espiritual, pág. 23

VISITA A MARÍA SANTÍSIMA

Dice San Bernardo que María es aquella celestial Arca en la cual, ciertamente, nos libraremos del naufragio de la eterna condenación si con tiempo nos refugiamos en ella. El Arca en que Noé se salvó del universal naufragio de la tierra, en el diluvio, fue figura de María; pero dice Esiquio que María es un Arca más capaz y más segura.

Pocos fueron, en efecto, los hombres y animales que aquella recibió y salvó; mas nuestra Arca salvadora recibe a cuantos se acogen bajo el manto de su protección, y los salva con toda seguridad. ¡Pobres de nosotros si no tuviéramos a María! Entonces, ¿cómo se puede explicar que sean tantos los que se pierden? ¡Ah!, es porque no recurren a ti. ¿Quién se perdería jamás, si implorara tu auxilio?

Jaculatoria: ¡Oh Santísima Virgen María!, haz que todos recurramos siempre a ti.

Oración: A María, pág. 32

Visita al Patriarca San José

Es indudable que Jesucristo, en el celo, no ha olvidado la familiaridad y el respeto que profesó en la tierra a San José; al contrario, es de creer que estos sentimientos de un verdadero hijo para con su padre son al presente más vivos y profundos, y que por eso nada le negará ciertamente de cuanto le pida.

¡Oh Santo Patriarca!, ya que tus súplicas todo lo pueden, alcánzame de la divina misericordia el perdón de mis pecados y la gracia de borrarlos con una digna penitencia, haciendo, de aquí en adelante, tanto bien cuanto mal hice, desgraciadamente, en el pasado.

Jaculatoria: Poderosísimo San José, haz que viva consagrado a Jesús y a María.

Oración: A San José, pág. 35

Día Veintiséis

Jesús, gozo nuestro

Oración: Señor mío Jesucristo, pág. 27

Alégrense con gran regocijo, y alaben al Señor moradores de Sión, porque en medio de ustedes está el Grande, el Santo de Israel. ¡Oh Dios mío!, ¡qué gozo tan grande deberíamos experimentar todos los hombres! ¡Qué esperanzas tan consoladoras y qué afectos tan amorosos, al considerar que en nuestra patria, dentro de nuestros templos, vecino a nuestras casas, habita y vive, en el Santísimo Sacramento del altar, el Santo de los Santos, el verdadero Dios, aquel cuya presencia hace bienaventurados a los Santos en el cielo. Aquél de quien dijo San Bernardo que no sólo ama, sino que es el mismo Amor!

Este Sacramento, en efecto, no sólo es Sacramento de amor, sino que es el amor mismo, o sea el mismo Dios, que por el amor inmenso que tiene a sus criaturas se llama y es el Amor: Dios es caridad.

Mas yo oigo, ¡oh Jesús mío Sacramentado!, que te lamentas diciéndonos: fui Peregrino y no me recibieron, es decir, que viniste a la tierra a ser nuestro huésped para hacernos bien y nosotros no hemos querido recibirte. Tienes razón, Señor, tienes razón: yo mismo soy uno de estos ingratos que te he dejado aquí solo, sin venir a visitarte. Castígame por ello como quieras, pero que no sea con el castigo que yo merecía de no venir más a tu presencia. No me impongas esta pena, porque estoy resuelto a enmendar la desatención y descortesía con que te he tratado; y quiero, a partir de hoy, no sólo visitarte muchas veces, sino también conversar contigo tan largamente como me sea posible.

¡Oh piadosísimo Salvador!, haz que sea fiel a esta promesa, y que con mi ejemplo estimule a los demás a hacerte compañía en el Santísimo Sacramento. Oigo al Eterno Padre que, hablando de ti, dice: éste es mi Hijo muy amado, en quien tengo mis complacencias. Pues si todo un Dios halla en ti todas sus complacencias, ¿cómo yo, miserable gusanito de la tierra, no las he de hallar estando a tu lado en este valle de lágrimas? ¡Oh fuego devorador!, destruye todos mis afectos a las cosas creadas, porque sólo ellas pueden hacerme infiel y alejarme de ti. Si tú quieres, puedes hacerlo. Tú puedes purificarme, ¡oh Señor mío!, y, ya que has hecho tanto por mí, concédeme también esta gracia: destierra de mi corazón todo amor que a ti no se dirija. Mira que yo me doy a ti sin reserva, y dedico toda la vida que me queda al amor del Santísimo Sacramento. Tú, ¡oh Jesús Sacramentado!, debes ser mi ayuda y mi amor durante la vida y en la hora de mi muerte, cuando vengas a servirme de viático y guía en el camino a tu felicísimo reino. Amén, amén. Así lo espero, así sea.

Jaculatoria: ¿Cuándo, ¡oh Jesús mío!, llegaré a contemplar tu hermosísimo rostro?

Oración: Acto para la Comunión espiritual, pág. 23

Visita a María Santísima

En ti ¡oh Santísima Madre nuestra!, hallamos el remedio de todos nuestros males; en ti, el sostén de nuestra flaqueza, como te llamaba San Germán; en ti la puerta para salir de la esclavitud del pecado, como te apellida San Buenaventura; en ti, la paz asegurada de nuestra alma, como te denomina el mismo Santo; en ti, el alivio de nuestra triste peregrinación, como te dice San Lorenzo Justiniano; en ti, finalmente, hallamos la divina gracia y a Dios mismo, pues San Buenaventura te llama: trono de la gracia de Dios, y Proclo, puente por el que viene Dios a los hombres, es decir, felicísimo puente, por el cual, Dios, alejado de nosotros por nuestras culpas, pasa a habitar de nuevo, con su gracia, en nuestras almas.

Jaculatoria: ¡Oh María! Tú eres mi fortaleza, mi libertadora, mi paz y mi salvación.

Oración: A María, pág. 32

Visita al Patriarca San José

Considera la pena que experimentó San José cuando perdió a Jesús en la visita al templo. Estaba acostumbrado a gozar de la dulce compañía de su amado Salvador, por lo cual fue inmensa su amargura al verse privado de Él por espacio de tres días, sin saber si volvería a encontrarle, y sin conocer la causa de tal separación.

¡Oh glorioso Patriarca! Tú lloraste la pérdida de Jesús y, sin embargo, tú siempre le amaste y Él siempre te amó, hasta el punto de elegirte para siervo y custodio suyo. Déjame llorar a mí, que tantas veces, por mis caprichos, he abandonado y perdido a mi Dios y despreciado su gracia. Por la pena que sentiste al ver perdido a Jesús, alcánzame lágrimas para llorar las injurias que hice a mi Señor, de las cuales me arrepiento sobre todo otro mal.

Jaculatoria: No permitas, glorioso San José, que pierda jamás a Jesús.

Oración: A San José, pág. 35

DÍA VEINTISIETE

JESÚS, ADMIRABLE EN SU AMOR

Oración: Señor mío Jesucristo, pág. 27

Canta la Iglesia en el oficio del Santísimo Sacramento: no hay otra nación, por grande que sea, que tenga tan cercanos los dioses como está cerca de nosotros nuestro buen Dios, presente de continuo a todas nuestras súplicas y oraciones. Los gentiles, al oír referir las obras admirables de amor de nuestro Dios amantísimo, exclamaban, fuera de sí: "¡Oh qué bueno es el Dios de los cristianos, qué bueno es!". Y la verdad, aunque los gentiles fingían sus dioses a medida de sus gustos y caprichos, no obstante, si leemos sus historias, veremos que, entre tantas fábulas y dioses que inventaron, nadie llegó jamás a crear o imaginar un Dios tan enamorado de los hombres como nuestro verdadero Dios, el cual, para dar pruebas de su amor a los que le adoran, y para enriquecer con su gracia, obró este admirable prodigio de amor de quedarse día y noche escondido en nuestros altares, constituyéndose nuestro perpetuo compañero, como si no pudiera, ni siquiera un instante, separarse de nosotros.

¡Oh dulcísimo Jesús mío! Has obrado el más estupendo de tus milagros para satisfacer el excesivo deseo que tienes de vivir siempre con nosotros, ser nuestro vecino y estar presente entre nosotros. Y, sin embargo, ¿por qué los hombres huyen de tu presencia? ¿Cómo pueden vivir tanto tiempo lejos de ti, o venir a visitarte tan raras veces? Un cuarto de hora que pasen en tu presencia les parece un siglo, por el fastidio que allí sienten. ¡Oh paciencia de mi Jesús, cuán grande eres! Pero yo, Señor, comprendo muy bien la razón de tu paciencia: es grande, porque grande es el amor que tienes a los hombres, y este amor es el que te obliga a permanecer continuamente entre tantos ingratos.

¡Ah Dios mío!, que como eres infinito en todas las perfecciones, eres también infinito en el amor. No permitas que, en lo venidero esté yo en el número de esos ingratos como lo estuve en lo pasado. Antes bien, concédeme un amor igual a la obligación que tengo de amarte. Tiempo hubo en que también yo sentía fastidio en tu presencia, porque no te amaba, o te amaba muy poco; pero si llego, con tu gracia, a amarte mucho, nunca más encontraré fastidio en conversar contigo, días y noches enteros, al pie del Santísimo Sacramento. ¡Oh Padre Eterno!, te ofrezco a tu mismo Hijo; acéptalo por mí, y por sus méritos, dame un amor tan ardiente y tierno al Santísimo Sacramento, que, vuelto en espíritu hacia alguna de las iglesias donde Él mora Sacramentado, piense continuamente en Él, y desee con ansia el momento de correr a su presencia para adorarle y amarle.

Jaculatoria: Dios mío, por el amor de Jesús, dame un gran amor al Santísimo Sacramento.

Oración: Acto para la Comunión espiritual, pág. 23

VISITA A MARÍA SANTÍSIMA

Es María aquella Torre de David, de la cual dice el Espíritu Santo, en los Sagrados Cantares que está edificada con baluartes, y que penden de ella mil escudos, arneses todos de valientes. Quiere decir, con estoque María es una torre rodeada de mil fortalezas, y que tiene mil defensas y armas para socorro de aquellos que a ella recurren. Tú eres, pues, ¡oh Santísima María!, la defensora fortísima de quienes pelean la batalla de la vida, según te llamaba San Ignacio, mártir. ¡Qué asaltos me están dando, sin cesar, mis enemigos para privarme de la gracia de Dios y de tu protección, amantísima Señora mía! Pero tú eres mi fortaleza; no te desdeñas de combatir en favor de los que ponen en ti sus esperanzas, que por eso te llamaba San Efrén: Capitana de los que en ti esperan. Defiéndeme, pues, Señora, y combate por mí; que yo confío en ti y de ti lo espero todo.

Jaculatoria: María, María, tu poderoso nombre es la defensa mía.

Oración: A María, pág. 32

Visita al Patriarca San José

María y José sabían muy bien cuanto los profetas habían predicho de Jesús. Es de creer que hablarían muy a menudo de su dolorosísima pasión y muerte. ¡Con cuánta ternura y compasión recordarían los dolores y desprecios de que sería objeto su Hijo Amado: los azotes que había de sufrir, y cómo, al fin, sería colgado de un infame madero, en el cual, acabaría su vida entre tormentos.

¡Oh Padre compasivo! Por aquellas lágrimas que derramaste al solo recuerdo de la pasión de Jesús, alcánzame una continua y amorosa memoria de los dolores de mi Redentor, y por aquella santa llama de amor que con tales pensamientos se encendía en tu pecho, haz que prenda siquiera una centella de él en mi alma, que con sus pecados contribuyó tanto a los padecimientos de Jesús.

Jaculatoria: Amantísimo San José, haz que llore dignamente todas mis culpas.

Oración: A San José, pág. 35

Día Veintiocho

Jesús quiere enriquecernos con toda clase de gracias

Oración: Señor mío Jesucristo, pág. 27

Después de habernos dado Dios a su propio Hijo, dice San Pablo, ¿cómo podemos temer que nos niegue bien alguno? Sabemos que el Eterno Padre le ha dado a Jesús todo lo que tiene y ha puesto en sus manos todas sus cosas. Alabemos, pues, siempre la bondad, la misericordia y liberalidad de nuestro amantísimo Dios, que quiso enriquecernos con toda clase de bienes y gracias, dándonos a Jesucristo en el Sacramento de nuestros altares.

¡Oh Salvador del mundo! ¡Oh Verbo humanado! Ahora sí que puedo afirmar que eres mío y todo mío, si yo quiero; mas, ¿podría de igual manera decir que soy todo tuyo, como tú quieres? ¡Oh Señor mío amantísimo!, no permitas que presencie el mundo espectáculo de tanto desorden y de tanta ingratitud; que tú seas todo mío, cada vez que yo lo quiero, y yo no sea todo tuyo cuando tú quieres que lo sea.

¡Ah!, no suceda esto jamás; que si fue así en el tiempo pasado, no quiero que sea en el venidero. Hoy resueltamente me consagro todo a ti, y pongo en tus manos, en el tiempo y para la eternidad, mi vida, mi voluntad, mis pensamientos, mis acciones y mis padecimientos. Desde ahora soy todo tuyo, y como víctima a ti consagrada, renuncio a las criaturas y me ofrezco enteramente a ti. Abrásame con las dulces llamas de tu divino amor; no quiero que las criaturas tengan parte alguna en mi corazón.

Las muestras de amor que me diste aun cuando no te amaba, me dan grandísima esperanza de que me has de recibir ciertamente ahora que te amo, y que, por amor, a ti me entrego.

Eterno Padre, te ofrezco todas las virtudes, actos y afectos del Corazón de tu amantísimo Hijo, Jesús. Acéptalos por mí, y por sus méritos, que todos son míos, pues Él me los ha dado, concédeme todas aquellas gracias que para mí te pide Jesús. Con estos méritos te doy gracias por tantas misericordias como has usado conmigo; con ellos satisfago por lo mucho que te debo en razón de mis pecados; por ellos espero alcanzar de ti toda gracia: el perdón, la perseverancia, el cielo, y sobre todo, el soberano don de tu puro amor. Comprendo que yo soy el que a todo esto pongo impedimento; pero aun esto tú mismo lo has de remediar. Te lo pido en nombre de Jesucristo, que nos prometió que cuanto pidiéramos en su nombre nos lo concedería. Así, pues, no me lo puedes negar. Señor, yo no quiero más que amarte, consagrarme del todo a ti, y no ser por más tiempo ingrato, como lo fui hasta el presente. Mírame con compasión, Dios mío; escucha mi súplica. Haz que hoy sea el afortunado día en que me convierta a ti enteramente, para nunca más dejar de amarte. Te amo, Dios mío; te amo, bondad infinita; te amo, mi amor, mi cielo, mi bien, mi vida y mi todo.

Jaculatoria: Jesús mío, todo mío; tú me amas y yo te amo.

Oración: Acto para la Comunión espiritual, pág. 23

VISITA A MARÍA SANTÍSIMA

¡Qué aliviado me siento en mis desgracias, y qué consolado en medio de mis tribulaciones, y cuán fortalecido en las tentaciones cuando me acuerdo de ti, y te llamo en mi socorro, dulcísima y santísima Madre mía, María! cuánta razón tienen los Santos al llamar a mi Señora: puerto de atribulados, como dice San Efrén; reparación de nuestras desgracias y alivio de los miserables, como la llama San Buenaventura, y fin de nuestras lágrimas, como le dice San Germán. ¡Oh Madre mía, María! Dígnate consolar a este tu hijo. Yo me veo lleno de pecados, rodeado de enemigos, falto de virtud y frío en el amor de Dios. Consuélame, y sea la consolación que de ti reciba el comenzar una vida nueva, que sea verdaderamente agradable a tu divino Hijo y a ti.

Jaculatoria: Cámbiame, Madre mía, cámbiame, que tú lo puedes hacer.

Oración: A María, pág. 32

VISITA AL PATRIARCA
SAN JOSÉ

Si los dos discípulos que iban a Emaús se sintieron inflamados de amor divino en los breves momentos que acompañaron al Salvador y oyeron sus palabras, ¿qué llamas de caridad se encenderían en el corazón de José conversando por espacio de casi treinta años con Jesús, acariciándole y recibiendo las caricias que aquel divino Niño le devolvía?

¡Oh afortunadísimo San José! Tú, que por tantos años tuviste la envidiable suerte de beber en la fuente de la divina caridad, alcánzame un amor ardiente y perseverante a Jesús, que me haga despreciar todo otro amor y me separe totalmente de las criaturas para unirme de manera estrecha al Sumo Bien.

___*Jaculatoria: Inflámame, ¡oh San José!, en el amor a Jesús.*

Oración: A San José, pág. 35

Día Veintinueve

Jesús nos pide nuestro corazón

Oración: Señor mío Jesucristo, pág. 27

¡Oh Pastor amantísimo que, llevado del amor a tus ovejas, no te has contentado con morir una vez sacrificado sobre el altar de la cruz, sino que has querido además permanecer oculto, por este divino Sacramento, en los altares de nuestras iglesias, a fin de poder más a menudo y con mayor facilidad llamar a la puerta de nuestros corazones y lograr así entrar en ellos! ¡Oh, si yo supiera gozar de tu presencia como aquella sagrada Esposa de los Cánticos, que decía: me senté a la sombra de aquel que tanto había yo deseado! ¡Si yo te amara, si te amara de veras, amabilísimo Sacramento mío, cómo también yo desearía quedarme contigo noche y día, sin apartarme jamás dc tus pies, y deteniéndome allí cerca de tu Majestad, aunque cubierta bajo la sombra exterior de las sagradas especies, gustaría aquellas divinas delicias y aquel contento inefable que encuentran las almas que viven enamoradas de ti! ¡Ah Señor mío! Atráeme a ti con los dulces atractivos de tu belleza y de aquel amor inmenso que en este Sacramento me has manifestado. Si así lo haces, dulcísimo Salvador mío, echaré lejos de mí toda criatura y los placeres todos de la tierra para correr siempre a tu Sacramento. Escribió tu Profeta con relación a este misterio: alrededor de tu mesa estarán tus hijos como pimpollos de olivos. Y en verdad, ¡cuántos frutos de santas virtudes dan a Dios, a manera de nuevas plantas, aquellas almas felicísimas que acuden frecuentemente con amor a tus tabernáculos! Pero yo, Jesús mío, me avergüenzo de comparecer ante ti tan desnudo y vacío de virtudes. Ordenado tienes que ninguno se acerque al altar para honrarte sin ofrecerte algún don: no te presentarás delante de mí con las manos vacías. ¿Qué debo, pues, hacer? ¿No venir más a visitarte? ¡Ah, no!, que esto no te agrada. Vendré, pobre cual soy, y tú me proveerás de los mismos dones que me pides. Comprendo que precisamente quisiste quedarte en este Sacramento, no sólo para premiar a las almas que te aman, sino también para enriquecer a los pobres con las riquezas de tus bienes.

Hazlo así, conmigo, desde hoy.

Te adoro, ¡oh Rey de mi corazón, amante verdadero de los hombres y pastor en exceso enamorado de tus ovejas! Me acerco en este día a este trono de tu amor y no teniendo otro don que ofrecerte, te presento mi pobrísimo corazón para que quede totalmente consagrado a tu amor y beneplácito. Con este corazón puedo amarte, y con él quiero amarte cuanto pueda. Atráelo todo a ti y únelo de tal modo a tu voluntad, que también yo, de hoy en adelante, pueda decir, henchido de gozo, lo que decía tu discípulo San

Pablo: que estaba preso en las cadenas de tu amor.

Úneme estrechamente a ti, Señor mío, haz que me olvide hasta de mí, para lograr un día desprenderme de un modo venturoso de todas las cosas y de mí mismo, y sólo pensar en ti por medio de un amor eterno. Te amo. Señor mío Sacramentado: a ti me uno, contigo me abrazo; déjate encontrar por mí, permite que te ame y no me abandones jamás.

Jaculatoria: Jesús mío, tú sólo me bastas.

Oración: Acto para la Comunión espiritual, pág. 23

VISITA A MARÍA SANTÍSIMA

Llama San Bernardo a María camino real del Salvador, es decir, camino segurísimo para hallar al Salvador y la salvación. Si es verdad, pues, ¡oh Reina mía!, que tú eres, como te dice el mismo Santo, la que conduces nuestra almas a Dios, no esperes, Señora, que yo vaya a Dios si tú no me llevas en tus brazos. Llévame, pues, Madre mía, llévame, y si me resisto, llévame a la fuerza. Con los dulces atractivos de tu caridad, obliga cuanto puedas a mi alma y a mi voluntad rebelde a separarse de las criaturas y buscar sólo a Dios y su divina voluntad. Da a conocer al paraíso cuán poderosa eres: haz brillar, después de tantos otros, este prodigio de tu misericordia, llevando a Dios un corazón que tan lejos de Dios estaba.

Jaculatoria: ¡Oh María! Tú puedes hacerme santo, de ti espero esta gracia.

Oración: A María, pág. 32

VISITA AL PATRIARCA
SAN JOSÉ

La vida de San José, en presencia de Jesús y María, era una continua oración, rica en actos de fe, de esperanza, de amor, de resignación a la voluntad divina y de consagración entera de sí mismo a la gloria de Dios. Ahora bien: si el premio ha de ser proporcionado a los méritos adquiridos en vida, ¿cuál será la gloria de San José en el paraíso? Y como es cierto que el santo Patriarca, después de María, superó en mérito y santidad a los demás Santos, así supera a todos en la gloria del cielo.

Santo patrono mío, ahora que estás gozando en la Gloria sobre un elevado trono muy cercano al de tu amado Jesús, ten piedad de mí, que vivo en medio de tantos enemigos, que me combaten de continuo para hacerme perder la gracia de Dios. Por aquel favor que te fue concedido de gozar la continua compañía de Jesús y María, alcánzame que viva siempre unido a Dios, resistiendo todos los asaltos de mis enemigos.

Jaculatoria: José, ayúdame en los momentos de tentación.

Oración: A San José, pág. 35

DÍA TREINTA

JESÚS OCULTA SU GLORIA PARA INSPIRARNOS MÁS CONFIANZA

Oración: Señor mío Jesucristo, pág. 27

¿Por qué escondes tu rostro? Gran temor tenía Job a que Dios le ocultara su divino rostro. Pero el que oculte Jesucristo su Majestad en el Santísimo Sacramento no debe darnos temor, sino amor y confianza. Porque precisamente para acrecentar nuestra confianza y manifestarnos con más claridad su amor, quiso Jesús quedarse en nuestros altares, oculto bajo el velo de las sagradas especies. Porque, ¿quién se hubiera jamás atrevido a acercarse a Jesús confiadamente, y exponerle sus afectos y deseos, si este Rey del cielo hiciera brillar en los altares los resplandores de su gloria?

¡Ah Jesús mío amabilísimo!, ¡qué invención tan amorosa la de este Sacramento Santísimo, en el cual te ocultas bajo las apariencias de pan, para ganar nuestro amor y dejarte hallar en este destierro por todos los que te desean! Razón tenía el Profeta al decir que levantaran los hombres la voz, y clamaran por todo el mundo, hasta dónde llegan las invenciones del amor que nos tiene nuestro amantísimo Dios: "Anuncia a las gentes los designios del Señor". ¡Oh amantísimo Corazón de mi Jesús, digno de poseer los corazones de todas las criaturas! ¡Corazón todo lleno y lleno siempre de llamas de amor purísimo! ¡Oh fuego devorador!, abrásame todo entero, y comunícame una vida nueva, que sea vida de amor y de gracia. Úneme tan estrechamente a ti que jamás me aparte de ti.

¡Oh Corazón abierto para ser refugio de las almas, recíbeme dentro de ti! ¡Oh Corazón tan angustiado en la Cruz por los pecados del mundo, dame un dolor verdadero de todos mis pecados! Yo sé que en ese divinísimo Sacramento conservas, Señor, aquellos mismos sentimientos de amor que por mí tenías al morir en lo alto del Calvario, y por esta razón sientes un deseo muy ardiente de unirme del todo a ti. ¿Será posible que yo resista más tiempo a este tu amor y deseo? ¡Ah Jesús mío amantísimo!, por los méritos de tu Pasión, hiéreme, átame, abrázame, úneme estrechamente a tu Corazón! Resuelvo en este día, mediante el auxilio de tu gracia, darte todo el gusto que yo pueda, poniendo bajos mis pies todos aquellos respetos humanos, inclinaciones, repugnancias, gustos, comodidades, que me impidan complacerte de un modo eterno. Haz, Señor, que yo lo cumpla, de suerte que en adelante mis obras, sentimientos y afectos sean totalmente conformes a tu querer divino. ¡Oh amor de Dios!, destierra de mi corazón todo otro amor. ¡Oh María, esperanza mía!, ya que todo lo puedes con Dios, alcánzame la gracia de ser hasta la muerte siervo fiel del puro amor de Jesús. Amén, amén; así lo espero; así sea en el tiempo y en la eternidad.

Jaculatoria: ¿Quién me separará jamás del amor de Jesús?

Oración: Acto para la Comunión espiritual, pág. 23

VISITA A MARÍA SANTÍSIMA

Asegura San Bernardo que la caridad de María para con nosotros no puede ser ni más grande ni más poderosa de lo que ya es; por lo cual se siente inclinada siempre a compadecernos con el afecto y a socorrernos con su poder.

Así, pues, purísima Reina mía, tú eres rica en poder y rica en piedad; puedes y deseas salvar a todos. Te rogaré hoy y siempre con las palabras del devoto Blosio: ¡Oh Santísima María!, en esta gran batalla que estoy riñendo con el infierno, ampárame siempre y si me vieras alguna vez vacilante y a punto de caer, ¡ah Señora mía!, tiéndeme enseguida tu mano y socórreme con mayores fuerzas. ¡Cuántas tentaciones, Dios mío, me quedan aún por vencer hasta la muerte! No permitas ¡oh María!, esperanza, fortaleza y refugio mío, que jamás pierda la gracia de Dios, pues propongo, en todas las tentaciones, recurrir a ti siempre y prontamente.

Jaculatoria: Ayúdame, María. María ayúdame.

Oración: A María, pág. 32

Visita al Patriarca
San José

Después de haber servido fielmente a Jesús y a María, llegó San José al fin de su vida en la casa de Nazareth. Allí, rodeado de los ángeles y asistido por el Rey de los ángeles, Jesucristo, y de María, su esposa, con una muerte inefablemente dichosa, salió de esta vida lleno de una paz celestial.

¡Oh dichoso San José!, mis pecados me han merecido, sin duda, una mala muerte; pero si tú me defiendes, no me perderé. Tú has sido, no sólo un gran amigo de mi Juez, sino también su custodio: recomiéndame a Jesús, que tanto te ama. Y por aquella asistencia que de Él y de su Santísima Madre recibiste en la muerte, alcánzame en mi última hora una particular asistencia de Jesús y de María.

Jaculatoria: Jesús, José y María, les doy el corazón y el alma mía.

Oración: A San José, pág. 35

Día Treinta y Uno

Jesús nos espera con suma benignidad

Oración: Señor mío Jesucristo, pág. 27

¡Oh! ¡Qué bello fue el espectáculo que nuestro dulce Redentor ofreció aquel día en que, cansado del largo camino, se sentó sobre el brocal de un pozo y estuvo allí esperando, lleno de amor y de dulzura, a que viniera la Samaritana, para convertirla y salvarla.

Así precisamente parece portarse con nosotros todos los días este dulcísimo Redentor, bajando del cielo a nuestros altares, como sobre otras tantas fuentes de gracias, y esperando e invitando a las almas a que le hagan compañía, a lo menos por algún tiempo, a fin de atraerlas de este modo a su perfecto amor. Desde los altares en que Jesús está sacramentado parece que nos habla y dice a todos: ¡Oh hombres! ¿Por qué se alejan de mi presencia? ¿Por qué no vienen y se acercan a mí, que los amo tanto, y por su bien estoy aquí tan humillado? ¿Por qué temen? No vengo yo ahora a la tierra para condenar al pecador, antes bien, me oculto en este sacramento de amor con el único fin de hacer bien y salvar a todos lo que a mí recurran.

Entendamos, pues, que así como en el cielo está siempre Jesucristo rogando por nosotros, así también en el Santísimo Sacramento del altar está continuamente, de noche y de día, haciendo el piadoso oficio de abogado nuestro, ofreciéndose como víctima al Eterno Padre, para alcanzarnos de su infinita bondad misericordias y gracias sin cuento. Por esto decía el devoto Kempis que debemos llegar a hablar con Jesús Sacramentado sin miedo a sus castigos y sin ningún encogimiento, con aquella confianza con que hablaríamos a un amigo querido.

Pues, ¡oh invisible Señor y Rey mío!, ya que te dignas permitírmelo, deja que te abra con confianza mi corazón y te diga: ¡Oh Jesús!, ¡oh enamorado de las almas!, conozco bien el agravio que los hombres te hacen. Tú los amas, y no eres amado; les haces bien, y te desprecian; quieres hablarles y no te escuchan; les ofreces gracias, y no quieren recibirlas.

¡Ah Jesús mío! ¿Y será verdad que también yo en otro tiempo me uní a esos ingratos para causarte tales disgustos? ¡Oh Dios mío!, es demasiada verdad; pero quiero enmendarme y compensar, en los días que me quedan de vida, los pesares que te he causado, haciendo cuanto pueda para complacerte y darte gusto. Dame, Señor, lo que de mí quieras, que estoy dispuesto a ejecutarlo sin reserva. Házmelo saber por medio de la santa obediencia, y espero cumplirlo con exactitud. Dios mío, resueltamente te prometo no omitir de hoy en adelante cosa alguna que entienda ser de tu mayor agrado, aunque por ello hubiera de perder todo cuanto amo en este mundo: parientes, amigos, estimación, salud y hasta la misma vida. No me importa perderlo todo con tal de darte gusto a ti. ¡Feliz pérdida cuando todo se pierde y sacrifica por contentar a tu adorable corazón, ¡oh Dios del alma mía!, te amo. ¡Oh sumo Bien!, infinitamente más amable que todos los bienes. Al amarte uno mi pobre corazón a todos los corazones con que te aman los serafines; lo uno al dulcísimo corazón de María y al amantísimo corazón de Jesús. Te amo con todas mis fuerzas, y sólo quiero amarte siempre.

Jaculatoria: Dios mío, Dios mío, yo soy tuyo y tú eres mío.

Oración: Acto para la Comunión espiritual, pág. 23

VISITA A MARÍA SANTÍSIMA

Dice el Beato Amadeo que nuestra amantísima Reina, María, está continuamente haciendo el oficio de abogada nuestra ante el trono de Dios, interponiendo sus ruegos, que son poderosísimos, para mover su amante corazón. Y añade que lo hace así porque ve nuestras miserias y muchos peligros, y como es toda clemencia, con amor de Madre, nos compadece y nos socorre.

¡Oh dulce abogada y amorosísima Madre mía! ¿Con que estás oculta en este instante mirando las miserias de mi alma y mis peligros, y estás rogando por mí? Ruega, ruega, y no dejes jamás de rogar hasta que me veas salvo y dándote humildemente gracias en el cielo. Dice el devoto Blosio que tú, ¡oh dulcísima María!, eres, después de Jesús, la salvación cierta de tus fieles. Pues, ¡oh Madre mía!, ésta es la gracia que hoy te pido: concédeme la dicha de ser tu siervo fiel hasta la muerte, para que al morir vaya a bendecirte en la gloria, seguro de no separarme jamás de tus sagrados pies, mientras Dios sea Dios.

Jaculatoria: Oh María, Madre mía, haz que siempre sea tu siervo fiel.

Oración: A María, pág. 32

Visita al Patriarca
San José

Todos los cristianos saben que San José es el abogado de los moribundos y el protector de la buena muerte. Sus devotos deben, pues, confiar en que vendrá en los últimos momentos de su vida, acompañado de Jesús y de María, para asistirlos. ¡Feliz el alma que en aquel supremo instante obtiene la asistencia de este gran Abogado, que tiene el privilegio de librar a sus devotos moribundos del peligro de la muerte eterna!

Amabilísimo San José, consolador de los moribundos y patrono de la buena muerte: yo, aunque miserable, imploro desde hoy tu patrocinio para aquel último instante de mi vida. Alcánzame la gracia de morir con la muerte de los justos, en brazos de Jesús y de María, para poder después ir a darte gracias en el paraíso y alabar y amar eternamente, en tu compañía, la bondad infinita de nuestro Dios.

Jaculatoria: Jesús, José y María, asístanme en mi última agonía.

Oración: A San José, pág. 35

ÍNDICE

Made in the USA
Las Vegas, NV
18 November 2024

12045408R00089